# 君主论

The Prince

〔意〕马基雅维里／著
王水／译

文匯出版社

# 目录

## 第一章

# 君主国的种类及获得君主国的手段

自古至今，所有的国家和政权统治人类的方法，无非是共和制或君主制。

君主国可以是世袭的，在这样的国家中，统治权由一个家族世代相承；君主国也可以是新建立的。新建立的君主国也有两种情况：一种是全新的，比如弗朗西斯科·斯福尔扎的米兰公国①；一种是世袭君主国对外新扩张的版图，比如被西班牙王国所征服的那不勒斯王国②。

弗朗西斯科·斯福尔扎

这些新建立的国家或新被征服的版图，或已习惯于某个君主的统治，或向来生活在无约束中。君主取得这些国家

① 弗朗西斯科·斯福尔扎（Francesco Sforza，1401—1466年），出身平民家庭，是一位雇佣军队长的儿子，16岁从军，后娶米兰公爵私生女为妻，并得以担任米兰雇佣军队长，1450年迫使米兰共和国最高会议拥立他为米兰公爵，得到这个君主国的统治权。

② 那不勒斯王国，15世纪意大利半岛的五个主要国家之一，1500年被西班牙和法国占领，1504年西班牙战胜了法国，独吞整个西西里，使那不勒斯王国成为西班牙的附属国。

或地区统治权的方法，或是借自己或雇佣军的武力①，或是因为自己的机遇②或能力③。

① 最典型的例子就是前面提到的弗朗西斯科·斯福尔扎，后文会有详细介绍。

② 最典型的例子是被人称为“瓦伦蒂诺公爵”的切萨雷·博尔贾，他是与马基雅维里同时代的人物，托他当教皇的父亲的福，而得到统治权。后文亦有详细介绍。

③ 能力，是指肉体上和精神上的力量，包括才能、智慧。依全书大意，此处概指君主的谋略手段、统治才能以及人格魅力，其具体含义在以后的章节中还会提到。

矗立在佛罗伦萨的马基雅维里塑像

## 第二章

# 论世袭君主国

本文暂不讨论共和国，我已另撰文详尽论述过了[①]。现接着前面的叙述顺序，就君主国继续论述，探讨君主国应该怎样进行和维持统治。

在我看来，在人们已习惯于君主及其后人统治的世袭君主国，维持政权统治的困难，会比那些新君主国要少得多。因为君主只要不大逆不道违背祖制，即使他能力一般，只须在突发事件前能做到随机应变即可。所以，一位君主只要具备平常人的能力，他就可以维持他的统治地位，除非他被超出常规的强大力量篡夺统治权。但是即便如此，当篡位者发生祸患时，他还有机会重

① 马基雅维里的《论提图斯·李维〈罗马史〉前十卷》（以下简称《李维史论》），该书以古罗马共和制为本，非常详尽地对共和国进行了论述。

费拉拉公爵埃尔科莱·德斯特一世

1482–1484年，埃尔科莱·德斯特一世因为食盐专卖权与威尼斯共和国及罗马教皇西克斯图斯四世开战，称为费拉拉战役。后来他力图改变和教皇国的关系，让其子阿方索·德斯特与罗马教皇亚历山大六世之女卢克雷齐娅·博尔贾成婚。

新夺回王位。

举一个意大利的例子。费拉拉公爵之所以能抵御1484年威尼斯人及1510年朱利奥教皇的进犯，而没有垮台，仅仅因为他的家族拥有对这块领地的悠久统治历史。因为世袭的君主国劳民伤财的动机和必要性都比较小，他们很自然地受到臣民的拥戴。除非君主罪大恶极，引起民怨，否则他的臣民会想当然也顺理成章地依附他。由于统治年代久远并且一直持续下来，臣民关于政权更新时的记忆与原因，也逐渐淡忘了。这就避免了危机，因为每一次政权更新往往会为下一次的更新潜伏下隐患。

朱利奥二世

1503–1513年在位。他以武力恢复了全部教皇国领土，坚持政教合一，鼓励艺术创作，是个强硬派的宗教领袖。

## 第三章

# 论混合君主国

新君主国实行统治，往往困难重重。首先，如果它不完全是全新的，而是一部分是新的，这样的君主国可泛称为混合君主国。引发这里发生变动的根源是所有君主国立国之初都会面临的困难：人民因为希望改变处境而愿意更换原有的统治者，这种心愿促使他们拿起武器反对原有统治者。但当他们真的这么做时，他们就上当受骗了。因为最后他们发现，他们的境遇还不如以前。造成这种情形的原因是他们对原有统治者的反抗，伴生了另一种更自然，甚至是必然的情形，那就是新君主由于军费增加以及对新占领区造成的民生困苦，不可避免地会使属民深受其害。

马基雅维里像

这样一来，那些受过损害的人，在你占领新属地领土后，都成了你的敌人；同时，那些曾经帮助你夺取新君主国政权的朋友们，也会因为没能从新君主国满足他们所

路易十二

路易十二力图成为一位人民的好国王，在位期间改革司法系统和减轻赋税，使他得到了“人民之父”的称誉。但马基雅维里在《君主论》中，把路易十二作为失败君主的典型。

预期的需求，而制约着你，但你又不能为对付他们而采取强硬的手段；还因为，即便你拥有强大的军队，但到了一个新占领的属地后，还是离不开当地居民的认可和支持。

正因如此，法国国王路易十二迅速攻取米兰，又先后两次以同样的原因迅速失去米兰。而且，路易十二第一次被驱逐出米兰，只须米兰公爵罗多维科[①]动用自己的军队就足够了。这是因为，那些背叛了米兰并打开城门让路易十二进来的人，并没有在新主子路易十二那里得到自己原先所预期的利益，他们感觉自己被利用了，故不能忍受新主子的统治。不过，曾经发生过叛变的地区一旦被再度占领，这块领地就不会轻易地再度丧失，因为君主会借着叛乱的机会，毫不手软地惩罚异己势力，清除可疑分子，并加强自己统治的薄弱环节。因此，法国国王路易十二第一次丢失米兰，只须米兰公爵罗多维科公爵在边境发动兵变就足够了。但在法国国王二度占领米兰后，那就必须使全世界

① 罗多维科（1476—1500年），米兰公爵。1499年威尼斯人同法国结盟进攻米兰，罗多维科逃亡德国，第二年借米兰起义得以光复米兰。

米兰公国徽章

起来反对他，非将他的军队击溃并彻底逐出意大利不可。其中原由，不再赘述。

然而，米兰却一而再地两度脱离法国人的掌控。第一次脱离法国人掌控的原因已经讨论过了，我们现在指出法国国王手中的米兰何以又一次被夺走的原因，以便于我们分析法国国王当时该用什么办法保住米兰，并分析一下如果是其他人在当时情况下可采用什么办法能比法国国王更有效地保持住新征服的领地。

米兰公爵罗多维科被交给法国军队

1500年，罗多维科收复米兰，但在法军的第二次进攻中被俘，于1508年在法国人的监禁中去世。

在我看来，那些因为被占领而合并到占领者原有国家里的领土，与占领国属于同一地区，使用同一语言，或者两者居其一。如果同属一个地区，使用同样的语言，尤其是当那里的人民尚没有自治习惯的情况下，占领国保有这些新占领的国家领土相对容易。而且，要想稳定地占有这些领土，只需灭掉原来统治该国的皇室家族就足够了。这是由于占领国和被占领国的人们，在日常生活中还能保留旧有传统，甚至风俗习惯也没有发生什么变化，人们仍能相安无事，安然生活。正如人们在布列塔尼、勃艮第、加斯科尼和诺曼底所见到的情形，这些地方归属于法国时间

希腊的穆斯林

1453年，奥斯曼土耳其帝国攻占了拜占庭帝国首都君士坦丁堡，并迁都于此，加强了对新占领地的控制。希腊作为拜占庭帝国的一部分而被新统治者占领，大大小小的清真寺逐渐出现。

很长了，尽管语言上存在一些差异，但是这些地方与法国本土风俗习惯相同，人民就会和睦相处。征服了这些地方的新君主，要想长久地保有它们，只需注意两个方面：一是把原来统治这些地区的血统斩草除根；二是既不改变该地区固有的法律，也不改变他们原来的赋税，这样一来，时间不长，这些地区就能和占领国的国土融为一体。

但是，如果被占领国与占领国在语言、风俗习惯或者法规制度方面不同，那么，要想长久地占据这块领土就会存在种种困难，就需要有非常好的运气，并且还要付出巨大的努力。而最好最有效的方法，就是征服者亲自前往并在那里驻守。这样做，可以使新君主国增加在这里统治的稳固性和持久性，比如，土耳其国王对于希腊的统治就是这样。假如土耳其国王没有到希腊驻扎，即使他为了长久地占有希腊领土而采取其他一切办法，他仍然不一定能保有希腊。因为，如果新君主驻扎在新领地，新领地一旦发生骚乱，当骚乱刚露头时他就能够觉察，

并迅速作出反应消除它。但如果他并非近在眼前，那么只有酿成大乱时，他才知晓，远水难救近火，到那时他往往已无法控制局势。除此之外，君主居住在占领地的另一个好处是使臣民免受中间层官吏的掠夺，而且属民也由于有事可以及时求助于他们的新君主而感到满意。因此，那些想做顺民的人们势必会更加爱戴新君主，而那些心怀鬼胎的人也因新君主近在眼前而畏惧他。至于那些想从外部进攻这个国家的人，更得非常审慎，也因为君主驻扎此地，想把领土从君主手中夺走难度也是很大的。

另外一个更好的对策，就是向新征服的国家领土的一两处要塞之地派送殖民，这种做法是必要的，如若不然，就得在那里驻扎大量的骑兵和步兵，二者做法必居其一。而君主在向新征服的领地派送殖民这件事情上，不需支付大量钱财。他只须花费很少的钱，甚至不花钱，就可以向那里派送殖民，并使他们定居在那里。而君主所触犯的人们只是新领地的一部分人，这部分土著居民的土地和房屋因殖民者的到来而被巧取豪夺。而且，君主所触犯的这部分人，仍然生活贫困、居住分散，因此永远不会对君主的统治构成威胁。同时，该领地其他人并没有遭受利益损失，要对这些人表示一番安抚更是轻而易举。这些人因为害怕自己也成为那些被掠夺了土地和房屋的人，所以战战兢兢不敢犯上。

总之，我认为，向新领地派送殖民这种方式无需花费太多，而且殖民者对君主国自然忠实可靠，较少忤逆犯上；与此同时，那些因遭受掠夺而受损害的人不多，并且生活贫困、居住分散，不足为害。关于这一点，应该注意的是：对于新领地的原有居民要么善待，要不然就干脆消灭他们。因为人们在遭受轻微的创伤时，往往有能力积蓄力量以期进行报复；但如果遭受毁灭性创伤，就没有能力对入侵者进行报复了。因此，我们要损害一个人，这种损害要彻底并且不遗后患，这样就不会再担心给他留有任何可能进行报复的机会。

如果君主选择在新征服的领地派驻军队而非派送殖民，君主就要支付大量的军费。为了维持驻军，不得不耗费掉在新领地得到的全部收入，结果本该所得的却成了要损失的，而且还失去更多民心。因为驻军从一地调动到另一地，整个国家都受到损害，每一个相关的人都会不满，所有的人都饱尝苦痛，一个个地走向君主的对立面。而且，军队虽然把新征服领地的人打败了，但那些人仍然留在自己的土地上，依然是危害新君主统治的敌人。因此，无论从哪方面考虑，派驻军队都是下策，只有殖民才称得上是上策。

① 公元前2世纪，为了阻止与迦太基人结盟的马其顿国王菲利普五世对希腊的野心，包括埃托利亚人在内的希腊城邦与罗马人结盟，让罗马人进入希腊。

另外，如果君主所占领的领地，在上述方面与本国不同，他应该使自己成为那些较强附属国的首领和保护者，并削弱他们中较强大的势力，还要确保和自己势力相当的其他外国势力，不会通过突发事件而占据该附属国。就像我们所知道的，这类事件屡见不鲜：附属国内那些不满君主统治的人们，或者出于某种野心，或者由于畏惧君主而把想取君主而代之的外国势力引了进来。埃托利亚人就是这样把罗马人引入希腊①，而罗马人过去所入侵的每一个国家都是由当地人引入的。事态

马其顿国王菲利普五世

发展往往如此：一旦有一个强权的外国势力进入到某个地区，该地区所有的附属国出于对当时统治他们的力量的憎恨，都会进入这个外国强权势力的阵营。由于这些附属国会一致并迅速地和要占领该地的新君主团结一致，所以，一个强有力的新君主，对那些附属国家，他并不需要花费多大工夫就能把他们争取到自己这边来。他只要注意不让这些附属国家拥有过大的力量和权威，不让他们拥有自己的军队，再对他们好一些，就可以轻易地震慑住这些附属国家中较强的那些势力，从而使自己成为这一地区的最高独裁。凡在这方面处理不当的君主，往往很快就会丧失掉已经获得的领土，即使在他尚能控制这一地区时，也会面临着无尽的困难和麻烦。

罗马人在他们征服的那些国家里，严格遵循这些方法：他们向这些新征服地派送殖民，与弱小的附属国交好，且又不让他们实力增强；压制力量较为强大的附属国，且不给其他任何强大的外国势力取得本地区权势的机会。

以希腊为例，我便能说明这个问题。罗马人与阿该亚人、埃托利亚人修好，借此使马其顿王国臣服，驱逐了安提奥科[①]。但是，阿该亚人和埃托利亚人并未增强罗马人的权力，马其顿王菲利普无论怎样劝说也不能引诱罗马人把他看成朋友而不打倒他；在安提奥科的影响下，他们也没有答应在国内给他保有一席之地。在这些事情上，精明的君主的作为就该像罗马人所做的那样：不仅要考虑当前的隐患问题，还应该顾虑到将来的隐患。对于所有的隐患，他们必须竭尽全力着手准备，因为，如果看问题善于看得长远，能防患于未然，很容易就能找到解决的方法；但是，

① 叙利亚国王安提奥科三世（公元前223—前187年），公元前197年应希腊中部埃托利亚联盟的请求出兵希腊，希腊城邦则请求罗马支援。结果公元前190年，安提奥科被罗马人打败。

阻止战争的萨宾妇女
法国　雅克·路易·大卫

如果等到患难临近、病入膏肓之时，任何药物都无济于事。这种情况正如医生看待痨热病的发展那样：在疾病的初期阶段，病症不易诊断出来但是容易治愈；如果疾病在初期既没诊断出来也没有及时治疗，那么，随着时间推移病情加重，诊断虽然变得容易，但治愈却困难了。治理国家事务也是如此。如果能够及早预见国家中存在的隐患（只有审慎的人才能觉察到），隐患则容易清除。但是如果早期没有预见隐患发生，而是任由隐患发展，直到隐患加重昭然若揭，众人都有所目睹，此时的局面已经难以挽回了。

因此，罗马人一旦预见麻烦，就立即着手补救，即便是权衡一场战争的问题。他们从来不会为了逃避战争而任隐患发展下去。因为他们知道不应该逃避战争，拖延战事只会有利于敌人，他们从不害怕战争的到来。他们之所以愿意与菲利普和安提奥科在希腊作战，是为了避免将来不得不在意大利作战。当时，虽然这两场战争都是可以避免的，但是罗马人并没有这样做。他们也从不喜欢我们这个时代那些聪明人时时挂在嘴边的话——“享受时间的恩赐吧”，而是享受他们自己的能力和审慎的恩赐，因为时间会把一切带到人类面前：它会带来好事，同时也会带来坏事；它可能带来坏事，同时也可能带来好事。

让我们再回到法国的问题上来，并且考察一下法国是否做过上述提及的事。我要谈的是路易十二而不是查理八世，因为路易十二占据意大利的时间最长，他的所作所为更易于观察。你会看到，他的所作所为，和应在一个大不相同的区域内如何维持统治，完全背道而驰。

由于威尼斯人的野心，路易国王被引入意大利。威尼斯人想要通过法国人的干涉而取得伦巴第一半的领土。我不想非议法国国王采用的这种方法，因为他想在意大利获得一个立足之处，而他在意大利又没有盟友。不仅如此，过去查理国王的所为①使路易国王在意大利处处碰壁，于是，他不得不珍惜自己当时所能得到的盟友威尼斯人。如果路易十二没有在其他问题的处理上犯错误，他的意图很快就会达到。路易十二国王在占领伦巴第之后，立刻重获当年查理国王丧失殆尽的威名：热那亚投降了，佛罗伦萨人变成了他的盟友，曼图亚侯爵、费瓦瓦公爵、本第沃利奥、富尔利夫人、法扎恩、佩萨罗、里米尼、卡梅利诺、皮奥比诺，卢卡人、比萨人以及锡耶纳人……这些人全都对他曲意逢

① 查理八世曾于1494年9月进攻意大利，相当迅速地占据那不勒斯王国，成为那里的主宰，但于1495年10月随即丧失统治权，至1496年完全失败。但查理的远征是外族人入侵意大利的开始。

查理八世进入罗马

查理八世企图控制意大利，结果使法国卷入了长达半个世纪的意大利战争。马基雅维里在《君主论》中，把查理八世视为给意大利带来一系列入侵的灾星。

迎，争相成为他的盟友。直到这时，威尼斯人才意识到他们把法国人引入意大利的做法是多么鲁莽！他们为了得到伦巴第的两个城镇，却把意大利三分之二国土的统治权交给了法国国王。

试想，如果路易十二遵守前面列举的那些规则，牢牢维系他所有的盟友并且和他们保持关系，那么他在意大利的威望保持下去并非难事。因为意大利当地的势力，虽然人数众多，却羸弱胆小，有的人畏惧教廷，有的人害怕威尼斯人，因此他们不得不紧紧跟随法国国王。路易十二只要能借助他们，完全可以轻而易举地对抗那些仍然强大的反对势力，使自己的统治稳如泰山。但是，当路易十二占领米兰后，却反其道而行之，竟然帮助教皇亚历山大六世占领罗马尼阿。他从来没有想到，他的这个举动，使他失去了盟友以及原来那些投靠他的人，他就这样削弱了自己的势力。同时，教会本来就因宗教权力而拥有强大的权威，现在法国国王又把巨大的世俗权力送到教会头上，从而使教会权威倍增。这是路易十二错误的开端，此后他一错再错，直到后来，为了制止教皇亚历山大六世的野心，阻止亚历山大成为托斯卡纳的统治者，路易十二不得不亲自跑到意大利去。

路易十二在扩大了教会的势力、失去盟友之后，似乎还嫌错得不够，他一直对那不勒斯垂涎不已，于是和西班牙国王瓜分了这个王国。他本来是意大利的主宰，现在他却招来另一个统治者。于是，那一地区的野心家们以及那些对自己的统治心怀不满的人，终于有了诉冤的新主人。法国国王原本可以在那不勒斯这个王国里扶植一个肯做自己傀儡的人来当国王，但是，路易十二偏偏驱赶走肯向自己纳贡的人，引狼入室地招来一个能把自己赶走的人。

一个君主，获取领土的欲望，本是人之常情。在君主能力充足并轻车熟路地开辟新领地时，世人多会送来赞扬而不是责难。但是，如果君主的能力有所不及，却想尽一切办法硬要这么干，

教皇亚历山大六世

1492–1503年在位。他曾于1493年为葡萄牙与西班牙划定了殖民扩张分界线，即“教皇子午线”。

布列塔尼的安妮

**安妮是布列塔尼公爵弗朗索瓦一世的唯一继承人，路易十二和她的政治婚姻可以确保布列塔尼和勃艮第两公国留在法国版图之内。**

那么，这种愚蠢会受到质疑。因此，如果法国能够凭借自己的武力占领那不勒斯王国的话，它就应该这么干。如果它没有这个能力，它就不该与西班牙共同瓜分那不勒斯。当初法国人能与威尼斯人瓜分伦巴第，是因为法国想借威尼斯人在意大利找一个插足之地。如果说这是正确的做法，那么后来他与西班牙人瓜分那不勒斯，就应该受到非难，

因为这一次瓜分并不像前一次瓜分那样非做不可。

因此，法国国王路易十二犯了五个错误：吞并弱小国家，增加意大利内部的一个强权的势力，把另一个强国势力带进意大利，没有在那里驻节，没有向那里派送殖民。

如果路易十二仍然在世的话，他所犯的这些错误，尚不足以损害到他的威望。但是，他还犯下了第六个错误：剥夺威尼斯人的统治权。因为，如果他不曾扩展教会

的力量，不曾把西班牙人引入意大利的话，那么威尼斯人臣服于他是理所当然和势所必需的。但是，在采取了那些行动之后，他绝不应该允许威尼斯灭亡，因为如果威尼斯人保持强势，他们不会让任何人打伦巴第的主意。别的国家也绝不会从法国人手中夺取伦巴第以把它全部赠送给威尼斯人，并且，也不会有哪个国家有勇气抢夺伦巴第而同时得罪法国人和威尼斯人。

也许会有人说，法国国王路易十二是为了逃避战争而把罗马尼阿交给教皇亚历山大六世，把那不勒斯王国让给西班牙。对这种理由，我的观点是：人们决不应当为了逃避战争而犯下大错，因为战争不是这样就可以避免的，一味拖延只会将自己置于不利之地。如果还有人宣称说法国国王向教皇承诺他将援助教皇的事业，交换条件是：教皇同意解除自己的婚约[1]，以及让罗阿诺担任枢机主教。关于这个观点，我在后文论述君主的守信之道以及君主应该如何守信时，再予以回答。

法国国王路易十二之所以丧失伦巴第，其原因在于，对那些占领一个国家并使之维持统治的要求，他一条也没有遵守。这算不上稀奇，不过是理所当然和势所必需的。当瓦伦蒂诺[2]占领罗马尼阿的时候，我在南特时曾经和罗阿诺枢机主教谈起这些事情。当时罗阿诺枢机主教对我说，意大利人不懂战争。我回答他说，法国人不懂政治，因为如果法国人懂政治，就不会允许教会势力如此扩张。经验表明，教廷和西班牙在意大利的强大势力是由法国人一手造成的，法国统治的崩溃也是自己促成的。由此，我们可以得出一条亘古不

① 路易十二想和其妻焦万娜(路易十一之女、查理八世的妹妹)离婚，以迎娶查理八世的遗孀（布列塔尼的安妮王后），取得布列塔尼公国的统治权。路易十二取得了教皇亚历山大的许可，并由教皇同意罗阿诺由鲁恩总主教升任枢机主教。同时，路易十二支持教皇攻取罗马尼阿。

② 教皇亚历山大六世的儿子切萨雷·博尔贾，人们称他为瓦伦蒂诺公爵。

变的道理：谁助使别人强大，谁就是自取灭亡。由于自己或用尽心机，或依靠武力，使别人强大，而那个因之变得强大的人，对心机和武力这二者，都是非常顾忌的。

1494 年意大利地图（威尼斯共和国为右上方粉红色区域）

第四章

# 为什么亚历山大占领的大流士王国在亚历山大死后没有背叛其后继者

有些人在研究保有一个新征服的国家会遇到哪些困难时，可能会奇怪：亚历山大大帝①短短几年就成为了亚洲的统治者，并在他的亚洲霸业尚未最终完成时就死了。从情理上看，全国似乎应该会发生叛乱，然而，他的后继者们却继续维持着自己的统治权，除了因他们的野心而在内部产生萧墙之乱（亚历山大死后，他的继承者们为瓜分帝国争夺统治权，时常发生内讧和内乱）外，他们没有遇到别的什么困难。

亚历山大大帝

① 亚历山大大帝，马其顿王菲利普之子，“亚历山大”的本意是“人类的守护者”。他生于公元前 356 年，是历史上第一位征服欧亚大陆的著名帝王。亚历山大自幼聪颖过人，曾受教于亚里士多德，稍长即被授予首府总督之职，并以平定山贼有功而被任命为马其顿大军统帅，随父横扫希腊城邦之乱。公元前 336 年菲利普遇刺，亚历山大继任

（转 21 页）

对此，我的观点是，有史以来的君主国都是用以下两

亚历山大大帝的会战
德国 阿尔特多弗

图画中描写的就是公元前 333 年，在西西里岛的伊索斯河畔，马其顿的亚历山大大帝和
的大流士三世展开会战的情况。

种不同的方法进行统治的：一种是由一个君主和一群忠心的臣仆统治，后者承蒙君主的恩宠和钦许，作为大臣辅助君主统治王国；另外一种是由一个君主和众多诸侯统治，后者的地位是通过古老的世袭关系而非君主的赏赐所获。这些诸侯拥有他们自己的诸侯国和自己的臣民，这些臣民把诸侯视为主子并天然地拥护他们。在那些由一个君主和其臣仆统治的国家中，臣民对君主的尊敬更甚，因为人们认为全国上下再也没有谁比君主更为至尊了。如果说他们也能臣服于任何其他人，那么他们不过是把这个人看成是君主的代理人和官员，并不给予这个人本身特殊的爱戴。

在我们这个时代，土耳其皇帝和法国国王就是这两种不同政体的例子。整个土耳其皇帝的君主国是由皇帝这位君主统治的，其他人都是他的臣仆。土耳其皇帝把他的王国划分为若干个行政区，并派遣各种行政官员到那里任职，君主可以随心所欲调遣和撤换他们。但是，法国国王却置身于林立的贵族诸侯中，这些贵族诸侯受到他们自己臣民的承认和爱戴。他们还拥有各自的特权。国王除非冒险行事，否则是不能剥夺他们的特权的。因此，任何人考察这两种国家就会知道，占领土耳其皇帝的国家非常困难，但是国家一旦被占领，要想保有这块领地却很容易。反之，事实表明，从某些方面来说，占领法兰西这个国家比较容易，但要保有这块领地却是非常困难的。

夺取土耳其皇帝的国家之所以困难，还在于皇帝的王侯们不可能会向入侵者发出召唤，入侵者也不可能借助皇帝身边的臣民们发动叛乱而从中渔利。个中原因前面已经

（接19页）
王位并继承其父遗志。率领希腊联军进攻波斯，于关尼卡卡一役大败波斯，并直入小亚细亚，攻占两河流域，波斯帝国崩溃，波斯王大流士被杀；又进军埃及，并越过印度河进入恒河流域，后被迫退回。亚历山大大帝是历史上最残酷也是最疯狂的征服者，虽然他只活了短短的32岁，但他融合了东西文化，鼓励民族间通婚，并倡导民族间地位平等，将希腊思想和律法散布于各地，他建立的帝国影响了整个人类历史。

马基雅维里像

提过，国王的臣仆们全是君主忠实的奴隶和奴仆，要想收买他们着实不易，即便收买了这些人，也不大可能从这些人那里得到多大好处，因为他们并没有能力牵引全国人民也跟从他们，理由上面提过，在此不再重复。因此，任何想侵犯土耳其的人都必须意识到：他所面对的是一个紧密团结的国家，若侵犯这样的国家，他只能依靠自己的力量而不是依靠对方的叛乱。不过，如果土耳其皇帝一旦被攻克，在战场上一败涂地无法再重整旗鼓，那么，征服者除了皇帝的家庭以外，就没有什么值得顾虑的反对力量了。在彻底铲除了君主家族以后，如果其他反对力量在人们中并无威信，那么，征服者就没有什么可担心的了。并且，由于征服者在取得胜利时并没有依靠他们，所以在取得胜利之后也不需要敬畏他们。

在那些像法国模式统治的国家里，情况刚好相反。如果你把这个王国的某些公侯争取过来，就很容易攻取那个国家，因为在这样的国家里总存在一些不满分子和希望国家变革的人。由于上述的原因，这些人会为你打开入侵之门，使你轻而易举地取得胜利。但是，如果你希望日后继续保有这个国家，你会遇到没完没了的麻烦。这些麻烦既来自那些曾经帮助过你的人，也来自那些被你打败的人。你只铲除了原来君主的家族势力，还是远远不够的，因为那些残余的贵族诸侯们会发动人们要求进行新变革，而且，因为你既不能满足他们的胃口，又无法把他们全部铲除掉，因此，他们一旦发现时机，你就会失去这个国家的统治权。

现在，如果你考察一下大流士政府的性质，你就会发现它与土耳其王国的政体相似，因此，亚历山大只需打垮大流士，然后把国家统治权从他的手中夺过来就可以了。在亚历山大取得胜利之后，大流士三世①被杀死，由于上述原因，亚历山大牢牢地占有了这个国家。而且，假如他的继承者们团结一致的话，他们完全可以安心而轻松地维持他们的统治，如果不是因为他们自己内部引起的骚乱，这个王国的统治是不会发生变故的。

但是，对法国那种模式的国家则不可能如此平波无澜地维持统治。西班牙、法国和希腊频繁爆发的反抗罗马人的叛乱，其原因正是由于这些国家内部存在很多小诸侯国。只要他们还眷恋故主，罗马人就甭想在占领他们之后高枕

① 大流士三世(？－前330年）古代波斯帝国末代国王。出身于阿契美尼德王族支系，公元前336－前330年在位，统治腐败，危机深重。屡遭马其顿亚历山大的军队攻击，接连失败，后来几乎全军覆没，率残军逃往米底（米堤亚）。亚历山大攻占巴比伦、苏萨和波斯波利斯后，对其紧追不舍。公元前330年，大流士三世在亡命中为叛军首领巴克特里亚总督比苏斯所杀。波斯帝国阿契美尼德王朝的统治到此结束。

亚历山大大帝与大流士三世的战争（壁画）

皮尔罗进入意大利（漫画）

无忧地统治。但是，当帝国的权力和旷日持久的统治冲淡了他们对故主的记忆时，罗马人这才能够牢固地占有这些领地。后来，当罗马人发生内战的时候，部分罗马人立即各据一方，在各自的地区树立起自己的势力，使得该地的人们拥护自己。又因该地从前的君主家族早已被铲除，除了罗马人，再没有其他人值得人们承认和拥护。

当考虑了这些事情以后，对于亚历山大会轻而易举地保有亚洲帝国，或者皮尔罗①以及其他许多人保有占领地却非常困难，这样的问题也就不再存在困惑。因为这些并不取决于征服者能力的大小，而取决于被征服地的不同情况。

① 皮尔罗（公元前318－前272年），即古希腊埃皮罗国王，以军事天才闻名于世，公元前279年曾打败罗马军队，侵占西西里等地，公元前275年终被罗马人打败，公元前272年战死于希腊。

## 第五章

# 怎样统治被征服前生活在各自法律之下的城市和君主国

如前所述，如果被征服的国家习惯于在他们自己的法律下自由地生活，那么保有这些国家的方法有三种：第一种是把这些居民全都灭掉；第二种是君主本人亲自前往那里驻居；第三种是允许他们在自己原有法律下生活，同时让他们纳贡，并且在那个国家里扶持一个对你友好的寡头政府。因为这样的政府是由新君主扶持的，这个傀儡政府知道如果没有新君主的青睐和支持，它是无法维持下去的，必然会竭尽全力拥护新君主。因此，君主如果希望保有一个习惯于按其原有模式自由生活的城市或君主国，借助于这个城市的市民进行统治，要比借助于其他任何方法都容易。

斯巴达人和罗马人就是这样的例子。斯巴达人依靠在当地建立寡头政权来控制

斯巴达战士

雅典和底比斯，但是结果仍然失去了这两个国家。罗马人为了保有卡普阿、迦太基和努曼齐亚，将它们拆分，就没有失去它们。他们本来希望像斯巴达人所做的那样来保有希腊，给予它自由并允许它有自己的法律，但是并没有成功。所以，为了占有这一地区，他们被迫摧毁了这一地区的许多城市，因为事实上，要想稳固地占有这些地方，除了毁灭它们，此外别无他途。对于一个过去习惯于自由生活的城市来说，如果任何占领者只是征服而并没有毁灭它，那么，终有一天，占领者会被这个城市消灭。因为当这个城市发生叛乱时，它总是打着自由的旗号和维持它亘古的秩序的借口，而这两者，并没有随时间的流逝而在当地人的心中淡化忘却。除非你能使那里的居民四分五裂并且东西离散，否则，无论你做什么，无论你怎样预防，他们都不会忘记那个自由的名义和他们昔日的权利。正如比萨在被佛罗伦萨人

雅典的保护神雅典娜

奴役数百年之后，一旦遇到任何不测，人们还会立即回忆起比萨旧有的自由和法律，并迅速团结一致。

但是，如果一些城市或者地区习惯于在君主统治下生活，而现在君主家族已被铲除，那么，这里的居民们因为一向习惯于服从，又因为昔日君主不在了，他们既不能团结一心地在他们当中另推举出新的君主，又不知道如何管理自己，因此，他们的反抗往往不够得力，结果，这使得征服国的君主轻易地获得这些地方。

但是在共和国里，就有一种较强的生命力，较深的仇恨和较迫切的复仇愿望，这一切使得他们难以忘怀对昔日自由生活的记忆。他们对征服者的统治，难以保持平静，也不可能保持平静。因此，治理这类地区，最稳妥的办法就是将他们消灭掉，或者新君主到那里驻居。

佛罗伦萨战胜比萨
意大利 乔凡尼·博洛尼亚

第六章

# 论依靠自己的武力和能力获得的新君主国

在探讨全新君主国的时候，我将援引关于君主和国家的最有价值的事例，任何人都不应该感到惊异。因为人们几乎总是在重复别人走过的路，并且仿效他人的行为，尽管他们不可能完完全全地踩着别人的脚印，也不可能像效法别人的行为那样，仿效出同样的业绩。然而，明智的人总是追随伟大人物走过的道路，并且效法那些最为卓越的人。如此一来，即使自己的能力不能与那些卓越人物相提并论，但至少有几分形似。他的行事应该像聪明的弓箭手，在计划射击一个较远的目标时，清楚地知道弓箭所要达到的确切目标，但瞄准时总是指向一个比靶心高得多的点。这样做的目的当然不是希望让自己的弓箭射中那个高得多的点，而是瞄准时非得指向一个较高的点不可，因为只有这样才能射中自己要达到的目标。

因此我认为，在由新君主统治的全新的君主国，要保有这个国家会面临或多或少的困难，困难的大小因征服这个国家的人的能力大小而异。一个人如果是从平民地位一跃成为君主，那他的前提是能力或运气，显而易见，这两者都能在某些程度上减轻新君主面临的困难。不过，那些不是通过运气或能力而得到地位的人，统治的基础却往往更稳固。另外，当新君主没有其他

摩西像

意大利 米开朗琪罗

摩西是公元前13世纪的犹太人先知，他帮助以色列人摆脱了在埃及的奴隶生活，并带领他们前往上帝所应许的流着奶和蜜的迦南地。

领土而不得不亲自在那儿驻居，形势对他会更为有利。

但是，谈及那些依靠自己的能力而不是幸运而崛起为君主的人，我认为最典型的例子是摩西、居鲁士①、罗穆卢斯、特修斯②以及这类的人物。虽然摩西只是执行上帝的意志，我们不应该予以讨论，但是仅仅从他优秀的品质而得以能与上帝对话这一点，他就应该受到世人的仰慕。但当我们考察居鲁士以及其他那些曾经获得或者创建了王国的人时，会发现他们都是令人钦佩的。如果我们考察他们各自的行迹和做法，就会发现，虽然似乎只有摩西有上

① 居鲁士（约前600－前529年），波斯帝国的创立者。于公元前550年领导波斯人灭亡米底王国，创建国家，后征服小亚细亚。前538年灭迦勒底王国，将囚禁于巴比伦城的犹太人放回耶路撒冷。后在与中亚细亚的游牧部落作战中被杀。居鲁士是人类历史上最为卓越的帝王，后人称他为“宇宙的王，伟大的王”。他是军事天才，同时治理国家又无比宽厚，全国太平无事，繁荣昌盛。他奠定了波斯帝国的基础，在他死后，波斯帝国持续扩张了大约二百年，直至被亚历山大大帝征服为止。

② 特修斯，即提修斯，古希腊著名的英雄，传说中雅典国家的奠基者和国王。他统一了雅典各部，设立了一个中央机关管理共同事务，并制定了雅典的律法。

帝做先导，但这些人的行迹和做法，与摩西是大同小异的。在考察这些人的行动和生平的时候，我们发现，除了抓住了机会，他们没有依靠任何运气。机会给他们提供了物力，供他们充分利用。如果没有抓住这样的机会，他们精神的力量也会被浪费掉；但是，如果没有那样的精神力量，即使机会到来，也会徒然错失。

因此，摩西必须在埃及找到那些被埃及人奴役和压迫的以色列人，而他们也为了能摆脱奴役而愿意追随他。而罗穆卢斯必须不再留在阿尔巴，而且必须在他刚出生时即被遗弃，日后他才能成为罗马的国王以及国家的奠基者。而居鲁士必须觉察到波斯人对米提亚人的统治不满，并且米提亚人因为长期处于和平环境而变得安逸软弱。至于特修斯，如果他没有赶上雅典人分崩离析，也不能展示出他的能力。由此看来，因为这些机会而使这些人交了好运，他们所具有的卓越的能力使他们能够洞察到这种机会，从而利用这些机会使他们的国家获得荣誉和名望。

居鲁士大帝像

那些凭借能力而成为君主的人，得到国家统治权很难，

但是得到以后要保有它则相对容易。夺取君主国时遇到的困难，一部分来自于他们为了确保新建立国家的长治久安，不得不制定新的制度规范。这里必须记住：再也没有什么比率先实施新制度更难以把握，执行起来更危险，成功性更不确定的事了。这是因为，那些适应了旧制度的人都会反对革新者，即使新制度顺利实施，人们适应后仍会对革新者反应冷淡、拥护不足。这种态度之所以产生，一部分源自人们对新征服者心存畏惧，而征服者制定的新法律往往有利于他们自身的统治；另一个原因，则源自人们天性中的怀疑心理——尤其是在新事物尚无确切的把握之前，人们是不会轻易地相信它的。因此，一旦新征服者露出可被攻击的漏洞，人们就会群情踊跃地对漏洞下手，而新征服者的防御往往不够完备。如此一来，作为新征服者的君主置身于这样的人群中，必然危险重重。

罗穆卢斯将他劫掠的丰富的战利品奉献给朱比特神庙
法国 让·奥古斯特·多米尼克·安格尔

我们若想透彻地探讨这类事例，那就必须弄清楚，那革新者推行新政是依靠自己，还是借助于他人。换言之，

特修斯在雅典娜面前杀死怪物米诺陶诺斯

他们为了完成大业，是诚恳地请求人们配合，还是以武力相逼。在前一种情况下，他们往往难以成功，而且最后也不大可能取得什么成就，但是，如果他们推行新政是依靠自己武力逼人们就范，他们很少会遇到危险。正因如此，所有的武装的先知都取得了胜利，而没有武装的先知只能被别人消灭。除了上述原因，人的性情也是游移不定的，要说服某个人很容易，但要使他对这个说服他的理由保持坚定不移的信仰，那就困难了。由此看来，有必要采取办法，一旦他的信仰发生变化，新君主就能借助武力来迫使其就范。

如果摩西、居鲁士、特修斯以及罗穆卢斯手无寸铁的话，他们就不能使人们长久遵从他们的制度，正如我们这个时代的修道士季罗拉莫·萨沃纳罗拉①的境遇那样。当人民不再信任他的时候，他却无法使那些曾经信任他的人坚持对他的信任，更不能使原本不信任他的人跟从他，他和他的新制度最终被毁灭了。因此，这类人实现他们的伟业时会遇到巨大的困难，因为前进的道路处处涉险，他们必须凭借能力加以克服，一旦困难艰险被克服了，他们就会开

① 季罗拉莫·萨沃纳罗拉修道士（1452—1498年），佛罗伦萨著名的宗教改革家，他抨击当时教会和教士的腐化堕落，主张改革和复兴宗教，并建立一个有效的共和政府。后来他成为圣马尔科院长，影响着佛罗伦萨的政治。1494年，他掌握了佛罗伦萨的支配权，主持制定了1494年宪法。由于教皇亚历山大四世的反对，萨沃纳罗拉的势力骤然削弱，后来作为异端被烧死。

始受到人们的尊敬，当他们消灭了那些嫉妒他们成功的人之后，他们的统治就能够继续下去，并继续享有权势、牢固、荣耀和幸福。

① 耶罗内（公元前308－前215年），即耶罗内二世，是锡拉库萨以残暴闻名的统治者。

除了上述重要例证，我再补充一个相类似的小例子，它与那些事例有共通之处，我认为它是代表这一类事例的典范，这就是锡拉库萨人耶罗内①。这个人从平民一跃成为锡拉库萨的君主。他的成功除了抓住时机以外，并无多少幸运可言。因为当时锡拉库萨人正在遭受压迫，他被选举出来做他们的军事首领，后来因为他的战绩而被拥立为王。他的能力如此卓尔不群，甚至在他还是布衣平民时就已崭露头角了，以至于有人评论他时说：“他做国王，除了需要领土以外，他已无所不备。”他解散了旧军队，组织新军队，抛开旧盟，另缔新欢。在有了自己的军队和盟友之后，他足可以在此基础上建立起任何一座大厦。故此，虽然在夺取王国的过程中他历经许多艰难困苦，但在他保有这个国家的时候，困难就很少了。

萨沃纳罗拉像

第七章

# 论依靠他人的武力或者由于幸运而取得的新君主国

大流士

大流士一世即大流士大帝，公元前521年至前485年波斯帝国阿契美尼德王朝君主。

那些单靠幸运，而由平民崛起成为君主的人，夺取政权成为君主的过程可能不难，但登基后要维持国家的统治却困难重重。这些人在征途中不畏难，是因为他们正像雄鹰一样飞翔，而当他们到达制高点，收拢翅膀治国时，各种难题却纷至沓来。那些依靠金钱或者由于他人的恩赐而坐上君主位子的人正是如此。在希腊的伊奥尼和赫莱斯蓬等诸多城邦国家中，这样的事例有很多。那些城邦国家被大流士征服后，大流士扶立了一些君主，为的是借助这些新君主来维系大流士在那里的统治权和影响力。还有那些通过

控制军队而由平民登上帝王宝座的皇帝们，也会在顺利发迹后，遇到治国的困难。这些君主们所依靠的，不过是那些提携他们的人所施予他们的好意和运气——而这两者都是最不稳定、变化无常的因素。另外，除非拥有卓越的才智和能力，他们也不太懂得、也做不到顺利地维持统治，我们没有理由指望那些先前过惯平民生活的人懂得合理发布政令。此外，他们无法保有国家统治权，还因为他们缺乏一支对自己忠心耿耿的军队。

再说，突然勃兴的国家，也如自然界中其他迅速滋生长大的事物一样，没有根深蒂固、枝繁叶茂，第一场暴风雨就能摧毁它的立国基础，破坏掉它与其他国家的关系。除非像前面所说的，那些一夜之间君临天下的人确有非凡的能力，知道及时保有幸运之神对他的赏赐，并且在当上君主后能为治国奠定坚实基础——这些基础对于别人来说，是在成为君主之前就已奠定的。

切萨雷·博尔贾

关于依靠能力或者运气成为君主的两种情况，我想要引证两个我们记忆中还有印象的例子，就是前面提过的弗朗西斯科·斯福尔扎和切萨雷·博尔贾这两个人。弗朗西斯科凭借卓越的能力，以正当手段，从平民一跃成为米兰公爵。他获取领土历尽千辛万苦，但保有起来却毫不费力。另一方面，切萨雷·博尔贾（人称瓦伦蒂诺公爵），凭借父亲的好运，他得到了那个国家，而在这种好运到头时，他也就失去了这个国家。在这个依靠他人的武力和依靠好运气而得到的国家里，为了稳稳扎根，尽管他采取了各种措施，做到了一个明智的人所能做的一切。

原因正如我们前面所述，事先没有打好基础，可以在成为君主之后凭借非凡的能力奠定基础，但是这种没有地基的建筑对于设计师来说是很困难的，而且地基不牢的建筑物也是危险的。如果考察一下公爵全程的行动，我们可以看到他曾为日后的权势打下了什么样的基础。这一点的

与博尔贾共享一杯酒

图中即为切萨雷·博尔贾和亚历山大六世的会面。

讨论很有必要，因为我不知道，对于一位新君主来说，除了这位公爵的教训，是否还有其他更准确的例子。如果说公爵的作为与事无补，其实这并非他本人过错，不过是运气极坏所致。

当教皇亚历山大六世意欲扩大瓦伦蒂诺公爵（也就是他的儿子）的权势的时候，他先后遭遇了重重困难。首先，他不知道该通过什么方法，才能使他的儿子成为教皇辖地以外的其他某个国家的君主。他知道，如果他把原本属于教皇辖地的地域割给儿子，米兰公爵和威尼斯人肯定不同意，因为法扎恩和里米诺已经长久地处于威尼斯人的保护之下。除此之外，他还知道意大利的军队，尤其是那些有可能帮助他的军队，都受控于那些不赞成教皇势力扩张的人，即奥西尼家族和科罗纳家族及其追随者们。于是，为了使自家人成为这些国家某一部分地区的主宰，教皇亚历山大必然打乱原来的秩序，并且使这些地区陷入混乱。他要做到这些不过举手之劳。因为他觉察到，威尼斯人出于各种原因想把法国人再次招入意大利。对威尼斯人的这种做法，亚历山大不但不反对，而且还主动迎合法国国王路易十二，助其解除了从前的婚姻关系，以使法国国王更方便行事。就这样，法国国王在威尼斯人的帮助和教皇亚历山大的纵容下，长驱直入意大利。法国国王路易十二一到米兰，教皇就向他借兵以攻取罗马尼阿。罗马尼阿慑于法国国王的势力，只好向教皇屈服。于是，教皇的公爵儿子得到了罗马尼阿，并且打败了科罗纳家族。此后当公爵儿子想要稳保其领地并进一步扩展势力时，他遇到两重障碍：其一，他自己的军队对他不够忠诚；其二，法国人的意愿。也就是说，一方面，公爵担心一直为他所用的奥西尼家族的军队会背弃他，如果军队背弃自己，他不仅无法赢得更大的胜利，而且这支军队还可能攫取走他刚到手的一切；另一方面，公爵还担心法国国王也可能趁机攫取他的果实。在取得法扎恩转而进攻波洛尼亚的时候，他已觉察到奥西尼家族的军队对那次战斗反应冷淡，当时他就对这支军队有了警觉。至于法国国王，当教皇本人在取得乌尔比诺公国转而进攻托斯卡纳的时候，法国国王就反对并阻止了他，那时教皇就明自法国国王的心思了。至此，公爵决定从对他人军队和幸运的依赖中摆脱出来。

公爵所做的第一件事，就是削弱奥西尼家族和科罗纳家族在罗马的势力。他笼络那些原来追随这两大家族的贵族势力，使他们听命于自己的调遣，给予他们优厚的赏赐，并按照这些贵族的等级授予文武官职，以满足他们的虚荣。如此，不出几个月，这些贵族原本对两大家族的感情就寡淡无味，即转而投奔公爵。随后，他遣散了科罗纳家族的人们，并等待时机消灭奥西尼家族。这个机会不久即出现，公爵抓住良机遂达心愿。奥西尼家族在最后关头才觉察到公爵和教会势力的扩张意味着他们的灭亡，于是在佩鲁贾的马焦内召集了一次会议，由此爆发了乌尔比诺叛乱和罗马尼阿骚乱。公爵虽然在这些叛乱和骚乱中危险重重，但由于法国人的帮助一一化险为夷。公爵恢复元气后，不愿意再因依赖法国或者是其他外力而身陷险境，于是转而耍弄花招。公爵深谙暗隐心意之道，先是对保罗·奥西尼[①]大献殷勤，奉送钱财、服饰和马匹，从而得以通过保罗的斡旋，

奥西尼家族徽章

① 奥西尼家族的统治者，拥有强有力的军事武装，曾在关键时刻帮助切萨雷·博尔贾，但1502年在西尼加利亚被切萨雷·博尔贾杀死。

使奥西尼家族与自己和解。他因为这些人们的单纯，而获得了在西尼加利亚的统治权。公爵除掉了当地首领，并使其党羽成为自己的盟友，随即公爵掌握了整个罗马尼阿和乌尔比诺公国，为自己的权势打下了很好的基础。又因为他施舍给当地人们一点儿甜头，当地人也都支持他。因为这种做法值得特别注意和效仿，我不能略而不谈。当公爵占领罗马尼阿后，发现该地原来的统治者治国无力，对其属民与其说是统治，还不如说是劫掠，他们还给属民制造种种事端，使他们分崩离析而不是团结一心，以致抢劫、纷争以及种种暴力行径在全国蔓延。为使该地恢复安宁并服从新君主，公爵认为这里必须有一个好的统治者。因此，他提拔了冷酷而果断的雷米罗·德·奥尔科，并授予他充分的权力。果然，这个人在短时期内就成功地恢复了该地区的安宁和统一，并因此声名鹊起。后来，公爵认为给予雷米罗·德·奥尔科过分的权力是不明智的，因为他怀疑重用这个人会招来人们对自己的痛恨。于是，公爵在这个地区设立了一个审判庭，委派了一名最优秀的庭长，每一个城市在这个审判庭都有自己的辩护人。因为公爵知道，过去的酷政已引起人们对自己的不满。他要冰释人们心中对他的前嫌，并把他们争取到自己的阵营来。他要向世人表明：如果过去实施暴行，那么一切残暴行为都不是他的本意，而是他在该地区的官员的个人行为。借着这个幌子，公爵拿下了雷米罗，并在某个清晨时分，雷米罗被斩为两截并曝尸于切塞纳广场，他的尸体旁扔着一根刑木和一把血淋淋的刀子。人们对雷米罗的下场表示满意，但同时那血腥的场景又使他们惊恐不安。

下面，我们言归正传。现在公爵觉得自己已经相当强大，也有几分把握避免当前危险。因为，他已经按自己的方式武装起来，并且，那些有可能危害到他的邻近势力大都被消灭了。在继续扩张的道路上，他下一步要考虑的就是法国了。因为他知道，法国国王已经对帮助公爵而心生懊悔，虽然已为时过晚，但以后再也不会支持他了。因此，公爵开始寻求新的盟友。当法国在远征那不勒斯王国而对抗围攻埃塔的西班牙人时，公爵敷衍法国，他只想保全自己以免受法国之累。而这一切，如果教皇亚历山大在世的话，公爵就会迅速大功告成。

这些都是公爵对当时境遇所采取的行动。至于将来，他仍忧惧重重。首先，教皇的下一任继承人可能会对他不友好，甚至有可能觊觎亚历山大六世给他的一切。因此，公爵决定采取四条应对措施：第一，将所有已被废黜的统治者家族彻底消灭，使新教皇无以托辞；第二，正如前面所言，笼络罗马所有的贵族以牵制新教皇的力量；第三，使枢机主教团更加倾心于自己；第四，趁着当教皇的父亲在世，设法取得更大的统治权，以便能够依靠自己的力量抵御首轮进攻。这四件事情，到教皇亚历山大死的时候，公爵已经完成了其中的三件，第四件也干得差不多了。因为，那些被废黜的统治者，除了少数漏网之鱼，能杀的他都杀掉了；他笼络了罗马所有的贵族；并且在枢机主教团里，他的同党占了一大部分。至于新的征服目标，他想成为托斯卡纳的统治者。他已经占领了佩鲁贾和皮奥姆比诺，并且把比萨也划入自己的势力范围。

枢机主教团统一徽章

由于不再需要顾虑法国（法国已经被西班牙人从那不勒斯王国驱逐出去，这样一来，法国和西班牙都愿意向公爵买好），他迅速出兵占领了比萨。随即，卢卡和锡耶纳，一来出于对佛罗伦萨人的忌恨，二来出于对公爵的畏惧，也都很快投降。佛罗伦萨人对此无计可施。如果公爵继续所向披靡，他会取得巨大的权力和威望，在亚历山大教皇去世后，他可以自立，不必依靠他人的武力和幸运，而是依靠自己的权力和能力。

然而，就在公爵利剑出鞘的第五年，亚历山大教皇意外去世了[①]，他给公爵留下的国家中只有罗马尼阿是稳固的，其余的都处于两大强敌之中，摇摇欲坠，而公爵本人也身患重病。但是公爵毕竟既勇猛又能干，而且他很清楚如何争取民心或者怎样失去民心，并且他能在如此短的时间里奠定相当牢固的基础，假如他不是腹背受敌，或者他的身体健康，他是能够克服一切困难的。而且，从罗马尼阿等待他一个多月这件事上，可以看到他所奠定的基础是稳固的。在罗马，虽然公爵已奄奄一息，但他的地位仍然固若金汤。虽然巴利奥尼的人、维泰利的人和奥西尼的人能进入罗马，但他们并不能干成任何能反抗公爵的事。即使公爵不能指使合乎自己心意的人当选教皇，他起码能阻止他不待见的人当选。可是，假如在教皇亚历山大去世之时公爵有健康的身体的话，他做这些事情易如反掌。在朱利奥二世当选为新教皇的那天，公爵告诉我说，他事先已经考虑到了他父亲死的时候有可能发生的一切，并且他已经找到了应对的万全之计，但他唯一没有料到的是，他父亲去世的时候，他自己也生命垂危。

① 教皇亚历山大六世任命自己的儿子切萨雷·博尔贾为“神圣教会保护人”，这位“保护人”暗算某些政敌，曾在酒中下毒，却不料被自己和父亲亚历山大六世误饮，这导致亚历山大于1503年致死，他自己也患重病。

庇护三世的加冕仪式
意大利 贝尔纳尔迪诺·迪·毕托

庇护三世在位仅 27 日，是天主教历史上在位时间第九短的教皇。

当我们回顾了公爵所有的行为之后，我认为公爵没有任何可指摘之处。相反，在我看来，正如我上面提到的，他的所作所为，值得所有那些依靠运气和他人军队而获得统治权的人所效法。因为他有崇高的精神和远大的志向，他注定只能这样做，除此之外别无他途。只是由于亚历山大教皇的短命和他自己命在旦夕，而使他鸿图未竟。因此，如果一个人认为，为了确保新的领地免遭侵害，有必要争取盟友，通过武力或者讹诈取胜，使人们对自己既爱戴又敬畏，使军队对自己既尊敬又服从，把那些能够或者有可能加害自己的人铲除掉；革新旧制度采用新规范，既严峻又使人感怀，既宽宏大量又慷慨大方；要摧毁有贰心的军队，另建新军；要同各国国王和君主保持友好，使他们不得不殷勤帮助自己，或是诚惶诚恐地不敢开罪自己，那么，公爵的行为就是最生动的例子。

公爵有可能受人指摘之处，唯有支持朱利奥二世当选教皇这件事①，他选错了人。因为，正如我们前面提到的那样，即使他无法使合乎自己心意的人当选教皇，他至少可以阻止一个他不喜欢的人当选教皇。他绝不应该同意选举一个自己得罪过或者是一当上教皇就会猜忌自己的枢机主教，因为人们往往会出于害怕或仇恨而伤害他人。在公爵所得罪过的人当中，有圣·皮耶罗·阿德·温库拉、科隆纳、圣·乔治、阿斯卡尼奥等人，除了罗阿诺和西班牙人外，其余人当中的任何一个人，一旦当上教皇，势必畏惧公爵。这是因为，西班牙人由于和公爵的盟友关系对他负有责任，而罗阿诺则由于公爵和法国国王的关系才享有权力。因此，公爵本来应该选择一个西班牙人当教皇，如果行不通的话，他就应该同意由罗阿诺当选，而不是选举圣·皮

① 1503年，教皇亚历山大六世去世，选出庇护三世为继承人，但庇护三世未及就任即去世，另选出朱利奥二世继任。

枢机主教阿斯卡尼奥的纪念龛

钱币上的朱利奥二世

耶罗·阿德·温库拉。如果有谁相信一个大人物会因为得到新的恩惠而忘记前仇，那真是自欺欺人的想法。因此，公爵在这件事情上选择失误，这导致了他最终的灭亡。①

① 对这一说法，史学家有不同的观点。一些史学家认为，博尔贾失败的主要原因是道德上的反动，以及人们对他的所作所为的仇恨和恐惧。

第八章

# 论以邪恶之道获得君权的人们

由平民地位而一跃为君主，还有其他两种方法，但是这两种办法都不能简单归类为幸运或能力天赋之列，故此，我不能对这两种方法避而不谈，虽然其中的一种方法，我会在讨论“共和国”时详尽论述。这两种方法就是：一是依靠某种不道德或是邪恶的手段登上君位，二是依靠同胞的支持而成为一国之君。在讨论第一种方法时，我将举两个例子来说明，一个古代的，一个现代的。我认为，对那些想通过卑鄙手段获得君权的人，能效法这两个例子就足够了，没有必要再探讨这种方法本身是对是错。

锡拉库萨遗址

锡拉库萨也译作“叙拉古”，在伯罗奔尼撒战争中曾经与雅典争夺霸权。

西西里人阿加托克雷，是从一个平民并且下等卑微的地位崛起，而成为锡拉库萨的国王。他是陶工的儿子，

一生坎坷，但始终生活在邪恶中。然而，与他的恶行相伴的，是他旺盛的精力。这旺盛的精力使他在投身军界之后，一级级提升，最终成为锡拉库萨的执政官。在稳固了这个职位之后，他又生出当君主的野心，并且打算依靠暴力和依靠他人的帮助，以试图保住大家承让给他的一切。为此，他把自己的野心使迦太基人阿米尔卡雷也有所知悉，而当时阿米尔卡雷正带领军队在西西里作战。一天早晨，阿加托克雷召集锡拉库萨的富豪们以及元老院的元老，装作要和他们商讨国事。但他又对暗藏的士兵发出事先约定的暗号，士兵们就杀死了所有的元老和富豪。这些人死后，市民没有发生任何骚乱，他顺利地攫取并控制了城市统治权。虽然他两次被迦太基人打败，该城市还被围攻，然而他不仅能保住他的城市，留一部分人抵御围攻，他还带领其余兵马进攻迦太基人统治的非洲。用这种围魏救赵之计，他很快就解除了锡拉库萨之围。而陷入困境的迦太基人为了保住非洲，不得不与阿加托克雷达成协议，并将西西里让给他。

阿基米德

阿基米德就是锡拉库萨人，但是他的发明创造也未能帮锡拉库萨逃避前 212 年被罗马人征服的命运。

因此，无论谁来审视阿加托克雷的行为和能力，都会发现他的成功很少甚至不可能归诸于好运气。正如上面提及的，他

得到显赫地位，不是任何好心人的施舍，而是他历尽艰险，在军队中逐级提升得到的，此后，他得以继续保持这个地位，也在于他在困境中的那些风险策略。然而，屠杀同胞，出卖朋友，背信弃义，毫无恻隐之心，没有宗教信仰，不能称之为天赋。以这些方式获得君权，他无法赢得光荣。但是，如果我们考虑阿加托克雷出入险境的勇气，以及他忍受艰险、战胜艰险的强大的意志，我们就有理由认为他和哪个最卓越的领袖相比都不逊色。然而，他的野蛮残忍和不人道，以及那些不计其数的恶行，使他无法跻身于最负盛名的卓越人物之列。他所得的一切，不是通过运气或天赋获得的，我们也不能把他强行归类为幸运儿或天才。

维泰罗佐·维泰利

在我们生活的时代，在教皇亚历山大六世在位期间，费尔莫的奥利维罗托·德幼年丧父，早早地成为孤儿，一个名叫焦万尼·福利亚尼的舅舅把他抚养大。他刚步入少年时期，舅舅就把他送到保罗·维泰利手下当兵，希望他能经过保罗·维泰利的管教，而在军队中出人头地。保罗死后，他跟随保罗的兄弟维泰罗佐继续从军。由于他机智、强健、胆大，时间不长，他就成了维泰罗佐帐下的头面人物。但是，他老觉得在别人帐下服役低人一等，于是，他决定在维泰罗佐的帮助下，利用费尔莫市民宁可接受本国奴役而不愿享受外国人给的自由的情绪，夺取费尔莫的统治权。于是，他给焦万尼·福利亚尼舅舅写了封信，说他已经离开家多年了，很想回去探望舅舅和故乡，并借此机会简要确认一下自己名下的遗产。他还说，这些年，他孜孜以求所得到的不过是些虚名，再没有别的东西，为了让费尔莫的市民们知道自己这些年并没有虚度光阴，他希望由他的朋友和侍从们组成一支百名骑兵队随他荣归故里。所以，他请求焦万尼舅舅能帮助安排一下，使他在进入费尔莫城时能得到市民的迎接礼遇。他还对舅舅说，所有的这些光荣不仅仅属于他本人，也属于焦万尼舅舅，因为是焦万尼把自己养育大的。

由此，焦万尼不差分毫地完成了外甥托付他的所有事宜，奥利维罗托进城时受到了市民的光荣迎接。焦万尼还让奥利维罗托住在自己家中。奥利维罗托在费尔莫城住了几天，为自己实施阴谋诡计做出了秘密的准备。圣诞次日，他举办了一场盛大的宴会，邀请焦万尼和费尔莫所有的首要人物出席。等到大家酒足饭饱，宴会按常规举行的助兴节目也结束时，奥利维罗托装模作样地发表了一通重要演说，大谈教皇亚历山大六世和他的儿子切萨雷·博尔贾的伟大，称赞他们的宏图伟业。当焦万尼和费尔莫城的首要人物准备对他的演说发表个人看法时，奥利维罗托突然站起来提议说，这个话题应该在一个较为秘密的地方讨论。说完他自己先退进了一个房间，随即，焦万尼和其他人也跟进去了。但是，当这些人屁股还没有坐稳，奥利维罗托的士兵就从隐秘处冲了出来，当场杀死包括焦万尼在内的所有人。杀戮结束后，奥利维罗托骑着马在城市里招摇过市，并围困了城市的最高长官。费尔莫人胆战心惊，不得不同意奥利维罗托担任君主。奥利维罗托把那些对自己的统治不满并有可能损害到他利益的人统统杀掉，同时他还颁布新的民事和军事法令，以巩固自己的地位。这种恶行，使得他在夺取城市统治权的那年，不仅在费尔莫这个城市安全无忧，而且使周边国家都对他感到发怵。不过，正如前面已经提过的，当切萨雷·博尔贾在西尼加利亚征服了奥西尼和维泰利的时候，如果奥利维罗托没有上博尔贾的当，博尔贾要想消灭他就会像消灭阿加托克雷一样困难。不过，在奥利维罗托杀死舅舅一年之后，他也被绞死了，同他一起被绞死的还有维泰罗佐——他是奥利维罗托在勇猛和邪恶品性方面的领路人。

15世纪意大利城邦军事领袖(如奥利维罗托)的典型装束

有的人可能会感到奇怪：为什么阿加托克雷之类的人，为人背信弃义，奸诈残忍，却能够长期并且安全地统治本国，还能够抵御外患，而且本国公民也从没有密谋造反；而另外的一些人，同样是利用残暴手段，别说在胜负难料的战争时期无从把握国家统治权，就连和平时期都保不住国家。我认为，这种情况正是恰当使用或不恰当使用邪恶手段造成的。恶行有时候也有好的一面，那就是在影响到自身生死存亡时。但卑劣手段要一次性完成，日后除非有利于臣民，否则绝不可再次使用。而不恰当使用的恶行，指的是那些一开始很少有暴行，但随着时日增长，残酷恶劣行为却越来越多。采取第一种方式的那些人，如同阿加托克雷那样，会得到神帮人助，在某种程度上有助于他们的统治。而采取第二种方式的人，往往不能自保。

阿加托克雷钱币

因此，占领者在夺取一个国家的统治权时，要考虑清楚哪些残暴行径是必需的，并且要在施暴行时一次性完成，避免日后持续不断地做损害之举。这样，占领者日后可以安抚人们，并且通过一些小恩小惠把民众争取到自己身边来；如果一开始因为怯懦或者受人蛊惑而没有做该做的，那么，这位新君主日后为了统治而不得不时刻举着刀剑。这是因为，君主占领国家后若持续不断地做些损害行为，他就得不到人们的支持，人们也不会拥护他。因此，所有残酷的行为，必须毕其功于一役，这样，人们体验损害的机会少，对君主的积怨也少；而施予恩惠，则应细水长流，一点儿一点儿地给，这样可使恩惠对人们的影响持久一些。对于君主来说，最为重要的是生活在人民之中，以免意料之外的情况出现——无论情况是好是坏——都不会迫令他在危急时刻临时改变政策。因为，意料外的变革一旦发生，在最紧要的关头，你想施暴行恐怕为时过晚；而你在这时候行善事，人们也不会感激你，他们会认为你是迫不得已才这样做，没有人会认可你的好。

## 第九章

# 论市民的君主国

现在，我们探讨另一种情况：如果一位市民领袖，既不是通过邪恶行径，也不是借助让人不堪的残暴手段，而是依靠平民的支持而成为国家的君主，这样的国家即为市民的君主国。一个君主若达到这个高度，既不能完全依靠禀赋，也不能完全依靠运气，他最必需的是幸运的机敏。我认为，这种君权的获得，要么是由于平民的支持，要么是由于贵族的支持，因为所有的城市里都存在着这样两股相互对立的势力，原因是贵族总要求统治和压迫人民，而人民却不愿意被贵族统治和压迫。这两种全然相反的意愿，导致了城邦国家的三种统治结果之一：君主权，自主权，或者无政府的混乱状况。

建立君主政权的，要么是平民，要么是贵族，这取决于抓住机会的是双方中的哪一方。当贵族发觉自己不能抵挡平民的反抗时，就会抬高贵族中某一个人的声望，使其当上君主，然后自己依附于君主，以在其庇荫下实现自己的意愿。另一方面，当平民觉察到自己的反抗抵挡不住贵族力量时，也会抬高自己阵营中某一个人的声望，并使他成为君主，以便于借助他的权威保卫自己。一个人依靠贵族支持获得君权，比依靠平民的支持获得君权，在保持君权时困难要多。因为在前一种情况下，君主会发现他的周围有许多自视与自己平等的人，因而他无法完全按照自己的意愿统治和管理他们。相反，如果依靠平民的支持而获得君权的君主，对君权可以泰然处之，因为他的周围没有或者几乎没有想唱反调的人。

除此之外，君主如果处事公正、不损害他人，他往往不能取悦于贵族，但却能够使平民满意，因为平民的目的原本就比贵族的目的更正当。贵族的意愿在于压迫他人，而平民的意愿不过是不受压迫而已。再说，由于平民心怀不满，他们庞大的数目，会使君主心有余悸；而贵族即使心怀不满，但人数很少，君主仍可以保障自己的安全。平民如果心怀不满，君主最糟糕的下场不过是被平民抛弃；贵族如果心怀不满，君主所担心的不仅是自己被他们抛弃，还有可能会被他们对抗推翻。在这些事情上，贵族会比平民看得更深更远，因而更狡猾，总是能够明哲保身，见风使舵，去帮助他们比较看好的那一方。此外，君主总是不

运送布鲁特斯儿子尸体的军士们

法国 雅克－路易·大卫

布鲁特斯（左下）是古罗马共和派人物，是公元前44年刺杀独裁者恺撒的首谋者。他一心拥护共和政体，并下令处决了参与复辟阴谋活动的两个儿子。布鲁特斯是西方历史中典型的英雄形象之一。

得不和他所依靠的平民生活在一起；如果君主不和那些他所依靠的贵族一起生活，他依然可以统治下去，因为君主可以随时设立和废黜贵族，并且能随心所欲地赐予或者剥夺他们的权力。

为了更清楚地说明这个问题，应按下述两种方式看待贵族：他们把自己的仕途和你的运气紧密相联，或者恰好相反。对于那些以这种方式依附你并且为人不贪婪的贵族，你应当授之以荣誉并加以爱护。而对于那些不依靠君主的贵族，则又应该以下述两种方式区分对待：如果他们出于胆怯或天生缺乏勇气不敢依靠君主，在这种情况下，特别是对于那些能够提出有益建议的，你应当充分利用他们。这种做法，在国家繁荣昌盛之时，它能给你带来荣誉；而当你身处逆境时，你也无须畏惧他们。但是，如果贵族不依附你，是因为他自己的野心过大，这就意味着他们做事先考虑自己，其次才考虑你。君主应当警惕这种人，要像防范那些公开的敌人那样对其严加防范，因为君主一旦处于困境，他们会跳出来推动君主的灭亡。

格拉古兄弟

因此，一个人如果是依靠平民的支持而当上君主，那么他必须同平民保持友好关系。因为平民的要求是不要再受到压迫，做到这一点对君主易如反掌。但是，如果一个人站在平民的对立面上，即便他依靠贵族的支持当上了君主，他首先要做的事仍是争取平民支持。他若要把平民置于自己保护之下，

蒂贝里奥·格拉古正在竞选（漫画）

这一点也很容易就能做到，因为平民意料中会使他们遭殃的君主，却给他们带来了恩惠，平民势必会对这位恩主充满好感，自然很快就会爱戴起这位君主，甚至对君主的爱戴程度超过爱戴那些依靠平民支持而取得君权的人。君主可以通过多种途径赢得平民的爱戴，这些办法根据具体情况的差异而有所不同，我无法给出标准的做法，对这个话题，就此打住。我要强调的是：君主必须同平民保持友好关系，否则当他陷入困境时只能坐以待毙。

斯巴达国王纳比斯，抵御了希腊人和一支罗马常胜军的进攻，保全了他的国家和政权。当这次危难临头时，他只需要对付少数人就保全了自己，但是，如果他当时面对的是与他敌对的平民，那他的应对之计远远不够。对于我的观点，大家都不要试图用“以民为基，无异于沙滩筑楼”这句陈腐的格言来反驳，这是因为，如果一个君主将其执政之基建立于平民之上，并且他深信当他受到敌人或官吏威胁时，平民会帮助他，那么这句格言是适用的。在这种情况下，如同罗马的格拉齐[①]，及佛罗伦萨的乔治·斯卡利所遭遇的那样，他往往会发现自己失算了。但是，如果一位君主将执政之基建立在平民之上，他能发号施令，行

① 格拉齐，由平民选出的著名的古罗马护民官格拉古兄弟蒂贝里奥和卡伊奥，他们曾采取一些有利于平民的措施，但平民并没有给予他们足够的支持，他们二人先后被杀于罗马贵族挑起的反对他们的骚乱中。

事果敢，身处逆境而不沮丧，并且注重各类准备，并能以他的精神意志和制度措施激励平民，那么，他确实打好了事实基础，平民永远不会背弃这样的君主。

上述的这些君主国，当它们从平民政制向君主专制过渡的时候，常常处于危险状态。这些市民君主国，要么是君主亲自统治，要么是君主通过官吏统治，而后面一种情形的政权完全取决于身居高位的那些市民的意志，这种政权在政体过渡中尤为软弱动荡。特别是在危难时期，通过官吏进行统治的君主国，这些官吏要么暗施诡计，要么公然挑衅，很容易篡权夺位，何况在局势混乱中君主可以信赖的人寥寥无几。危急时刻，君主不能根据太平时期所见到的情况作为决策依据，因为太平时期市民们对君主有所求，当时如要求人们为君主奔走，每个人都答应；而当君主生死关头时刻，愿为君主奔走的人难能一见。这种境遇极其危险，往往不具有再现或重来一次的机会。因此，明智的君主应该采取办法，使他的臣民在任何情况下都有求于国家、有求于自己，只有这样才能长久保持住臣民对自己的忠诚。

蒂贝里奥·格拉古之死（漫画）

## 第十章

# 论衡量君主国力量的方法

在研究这些君主国特征时，还需考虑另一点：陷入困境中的君主，是凭借自己的力量屹立不倒，还是需经常向他人乞取援助。为了更清楚地阐述这一点，我想说的是，如果君主能够因为臣民众多，或者因财力雄厚招募到足够的军力，能同任何入侵者决战疆场，他们就是那种能凭借自己力量屹立不倒的人；如果君主不能挺身而出与敌人决战疆场，而是躲在城墙后被动应敌，他就是那种时常需要他人援助的人。第一种情况，前文已有论述，在后面合适的机会还会再详谈。至于第二种情况，我只能鼓励君主巩固城防、备足粮草、放弃乡村了，此外我实在无话可说。任何君主如果做好了城防工事，并能按前文已提到、后文还要再谈的方法妥当处理和臣民的关系，那么，别人要想进犯这位君主就得慎重掂量，因为人们一般会避免做那些已预知到有难度的事，尤其是当这位君主有坚固的城防和人民的拥护时，进攻他就更不是一件容易的事了。

德国的各个城市都享有高度自主权，它们周围的乡村很少，城市居民如果觉得合适就服从皇帝，但他们不怕皇帝也不怕任何邻近的统治者。因为他们的城防牢不可破，任何人想进攻他们，都要付出旷日持久、艰难卓绝的攻战。这是因为，他们修筑了完备的壕沟和城墙，配备了足够的大炮，在公家的仓库里总是备足可供一年之需的粮食和燃料；除此之外，为了确保人们的安宁，同时保证国家不受损失，居民们还被安排到关系城市存亡的劳动岗位上；这些城市还重视军事训练，制定了许多保障军事训练的规章。

因此，如果君主拥有强大的城市，而且又没有结怨于人民，他就不会遭到攻击。如果有人敢于侵犯，也必然会被狼狈不堪地击退。世事瞬息万变，如果有哪个侵略者让军队围城整整一年而不见进展，那简直是不可思议的事。也许有人会说，如果人民在城外拥有财产，当他们目睹自己的财产被敌人焚烧时，必定按捺不住，而且长期的被围困和自私心会使他们背叛自己的君主。对此，我的回答是：在这种情况下，一位强力果敢的君主一方面要给人民以希望，让人们相信祸患不会长久持续，另一方面他还要人民对敌人的残暴产生畏惧。同时，君主还要把他认为过于莽撞的人巧妙地控制起来。只要做到了这些，君主就能够克服上述困难。

亨利一世

德意志国王（919–936年在位），萨克森王朝创立者。原为萨克森公爵，传说他得知当选公爵的时候正在捕鸟，所以外号叫做“捕鸟者”。

**选帝侯**

1356年，德国国王、神圣罗马帝国的皇帝查理四世制订了著名的宪章“金玺诏书”，规定帝国皇帝由七位选帝侯选举产生，选帝侯则来自帝国内最具势力的公国统治者和地方大主教。

进一步说，当敌人到来时，如果人民士气高涨，并且决心抵抗敌人，敌人势必会立即焚烧和摧毁城市周边农田。此时，君主不应优柔寡断，因为不久以后，人民的士气会消耗殆尽，那时损害已经形成，灾害也已临头，局面就不易挽回了。现在，人们的房屋被烧毁，财产被损害，而君主是他们的保护者，他们势必会积极地与君主团结一致。因为，施恩者与受惠者从来都是休戚与共的，这是人之常情。因此，如果虑事周全，只要粮食充足和防卫得当，英明的君主在被敌人包围的时候使人民从始至终地保持坚定的意志，并不困难。

## 第十一章

# 论教会君主国

现在只有教会君主国留待探讨了。对这类国家而言，其所有的困难都发生在取得国家统治权之前。因为获取这类国家，要么是借助个人的能力，要么就是因为好运气，但在维持统治时，却不是依靠能力或者好运气，而是通过宗教的固有制度来维持。宗教制度力量很强大，并且还具备这样的特征：该制度使君主当权，而又全然不问君主如何行事和生活。这些当权者独自占有国家而不必加以防卫，拥有属民而又不必加以统治。这些教会国家，其国家虽不加防范却没有被夺权，其属民虽不受统治但无人在乎，属民既没有意识也没有能力背弃君主。这样的君主国既安全又幸福。但是，鉴于这些国家是由人力所不及的力量进行统治的，我

教皇英诺森十世

就不再讨论它了。因为，这种国家是上帝建立和维护的，只有冒失鬼才敢对它加以妄议。

然而，可能会有人问：为什么罗马教廷能获得如此大的世俗权力？从教皇亚历山大向前追溯，那些意大利的当权者们——既包括君主们，也包括那些低级的男爵和领主——都不够重视教会在世俗事务上的权力。但是现在，即便是法国国王也会对教廷胆战心惊，因为教会能把法国国王赶出意大利，还能消灭威尼斯。这些事实众所周知，但我觉得再提一下，让人们重温旧忆并不多余。

在法国国王查理长驱进入意大利之前，意大利正处于教皇、威尼斯人、那不勒斯国王、米兰公爵以及佛罗伦萨人的统治之下。这些统治者们最操心的主要有两件事：第一，不许任何外来势力武装入侵意大利；第二，现有的统治者中任何一方都不能扩张领土。这些统治者最担心的莫过于教皇和威尼斯人。为了能够抑制威尼斯人，正如保卫费瓦瓦那样，其他各国必须联合起来。为了压制教皇力量，他们就得利用罗马贵族，使其内部分裂为奥西尼和科隆纳两派，这两派经常发生龃龉，在教皇面前刀兵示威，使得教皇怯懦无策。即使偶尔也会有像希克斯图

教皇希克斯图斯四世（右一）

斯四世那样英勇的教皇，可无论是他的运气还是他的智慧都不足以使他杜绝这些烦恼。教皇表现软弱无力的一个原因是，他们任期短暂，教皇的平均任期只有十年，在这短短十年中，教皇费尽周折顶多只压制了其中一个派别。比如说，一个教皇几乎整垮了科隆纳家族，而另外一个教皇继位后却扶植科隆纳家族，而与奥西尼家族为敌。新教皇为复兴科隆纳家族，就顾不了彻底搞垮奥西尼这一派。结果，这使得罗马教皇的世俗权力在意大利难以被人重视。

后来亚历山大六世当上教皇，在历代教皇中，他是最能证明教皇能利用金钱和武力而取得成功的例子。他通过儿子瓦伦蒂诺公爵，趁着法国人入侵的机会，实现了我在前文探讨公爵行为时提到的那些业绩。虽然亚历山大六世的本意并非为了壮大教会势力，而只是为了壮大他的公爵儿子的势力。但是，在他和公爵死后，教廷得以继承了这些成果，可以说是他的遗产壮大了教廷势力。

后来，朱利奥继任教皇，他意识到教廷已很富强力，因为教会占领了罗马尼阿全境，镇压了罗马所有的贵族，并且这些贵族派系已被亚历山大击溃铲除；朱利奥还发现亚历山大六世的聚财方法前无古人。朱利奥不仅仿效推进了亚历山大的这些做法，并且使之更臻完备。他决心夺取波罗尼阿，消

教皇的三重冕

重冕象征教皇之训诲、圣化、治理三项神权。

灭威尼斯人，并把法国人从意大利逐出。后来，他成功地实现了这些。并且，由于他做的这些事情的出发点是为壮大教会势力，而非强化个人势力，这使他的业绩尤显光荣。此外，他还把奥西尼和科隆纳这两派限定在他所划定的范围内。虽然这两派中有些头头能制造一些事端，但朱利奥教皇牢牢把握两点：一是保证教会强大足以威慑他们，二是不给他们担任枢机主教的机会，因为枢机主教往往是挑起派系争端的根源。一旦某个派系有了自己人做枢机主教，他们就绝不会再保持安生，因为这些枢机主教会在罗马境内外培植势力，而贵族公侯不得不卫护他们，僧侣的野心于是会引发贵族公侯间的纷争和骚乱。基于上述理由，当今的教皇朱利奥圣父拥有最为强大的职权。我们希望，既然以前的教皇已经依靠武力使教皇的职位强大了，那么当今的教皇则应广施恩泽，以至上的品德使其地位更为巩固强大，同时获得世人的更多崇敬。

教皇徽章

金黄色和银白色两把交叉的钥匙和一顶三重冠冕，钥匙传说是基督十二门徒之一的圣彼得的，象征着天上和地上的一切权力。

## 第十二章

# 论军队种类及雇佣军

文章开头部分曾提到需探讨的君主国特征，我已作出详细讨论，并或多或少地研究了这些君主国的盛衰原因，还指出人们为夺取和保有它们而采用的方法。现在有待概括讨论的是每种君主国可使用的进攻与防守之道。

前文论述已表明，君主必须建立稳固的执政之基，否则，他注定走向灭亡。所有的君主国，不论它是新君主国、旧君主国，还是混合君主国，其执政之基在于良好的法律和优秀的军队。没有优秀军队的君主国，不可能有良好的法律；只要军力优秀，君主国就肯定有良好的法律。故此，我现在只谈军队问题而不再探讨法律问题。

在我看来，君主用以保卫国家的军队，要么是他自己的军队，要么是雇佣军、援军，或者是混合军队。雇佣军和援军往往好处不大且暗藏隐患。如果君主要依靠这种军队来保卫政权，那么他的地位不会稳固，也不会安全。因为这些军队一盘散沙，各怀野心，纪律涣散，而且不讲忠信。他们在朋友面前耀武扬威，在敌人面前怯懦孱弱，他们对上帝毫无敬畏，待人也不讲诚信。如果依靠这种军队的君主国之所以还没有被毁灭，仅仅是由于敌人还没有发动进攻。结果，国家在和平时期要遭受这些雇佣军的掠夺，在战争时期则成为敌人刀下之俎。事实上，这些雇佣军人之所以愿意从军，不过为了那一点军饷，此外再

无其他动机；而那点微薄的军饷，是不足以让他们为君主卖命的。在君主国不打仗的时候，他们非常愿意当兵，但是当战争来临的时候，他们要么一走了之，要么躲到敌人找不到的地方。证明这一点，实在太容易了。因为，意大利之所以溃败，正是因为当权者多年来一直把希望寄托在雇佣军身上。这些雇佣军平时在自己人面前耀武扬威，但大敌当前，他们马上露出真面目。正因如此，法国国王查理八世不费吹灰之力就轻取意大利。也有人说，他们的溃败是因为自己的罪过。他们的确说出了正确答案，但此罪过并非说话者所认定的那种罪过，而是我们的君主过分依靠雇佣军的罪过。正是因为君主的这些过错，所以连他们自己也一起受到惩罚。

查理八世

我再进一步论证这种雇佣军的不可靠。雇佣军的首领，要么有能力，要么没有能力，两者必居其一。如果他们是有能力的人，你不能信任他们，因为他们总是渴望自我扩张，或者威胁他们的主子——你，或者违背你的意愿欺压他人。如果首领是能力平庸的人，那么他带领的军队往往会给你招来毁灭。

如果有人反驳说，任何人，不管他是不是雇佣军，只要手中掌握了武器，就会采取相似的行动。我回答说，当必须用兵之时，君主国的君主必须亲自挂帅前往应敌，而共和国的君主也必须委派自己的代理人，如果被委任的人不能胜任职务，则应该予以撤换，假如委派的人能够胜任，则应用法律来制约他，使他不能超越职权范围。经验已证明，许多君主国和共和国依靠自己的力量和武装能取得巨大进展，而雇佣军只会带来损失。而且，要使一个由自己军队武装起来的共和国服从他人支配，要比一个由外国军队武装起来的国家困难得多。几个世纪以来，罗马和斯巴达由本国的军队武装起来，因而享有自由。瑞士人自我武装得更彻底，故自由也更充分。

关于古代以雇佣军武装起来的国家，迦太基人和底比斯人就是例子。虽然迦太基人任命自己的公民为雇佣军的首领，但是在他们和罗马第一次交战后就几乎毁灭于雇佣军士兵之手。至于底比斯人，在埃帕米农达①死后，他们请来马其顿人菲利普②担任底比斯雇佣军的首领。当菲利普在战争胜利后，他剥夺了底比斯人的自由。

① 埃帕米农达，底比斯人，公元前四世纪的著名将领和政治家。

② 菲利普，米兰的公爵。在他死后，他的女婿（前文提及的斯福尔扎）夺取了他的领地。

埃帕米农达之死

埃帕米农达是希腊城邦底比斯的将军与政治家，他领导底比斯脱离斯巴达的控制，并且使底比斯跃升为一等军事强国。

菲利普公爵死后，米兰人招募了弗朗西斯科·斯福尔扎来对付威尼斯人。卡拉瓦吉奥一役打败敌军之后，斯福尔扎却与敌人联合起来，打垮了自己的主子——米兰人。他的父亲老斯福尔扎，本来受命于那

不勒斯王国的乔万娜女王，后来却突然不辞而别，使女王的军队瓦解。为了保全国家，女王不得不投入阿拉冈国王的怀抱。

然而，威尼斯人和佛罗伦萨人都曾经依靠这样的雇佣军扩张了自己的领地，但这些军队的首领却并没有自立为王，而是保卫着他们的君主，这作何解释呢？我认为，在这种情况下，佛罗伦萨人是得到了上天的眷顾。在他们的雇佣军首领中，有些人没有打胜仗，有些人则忙于和自己的对手争斗，而其余首领心思则在别的事情上。没有打胜仗的人是乔万尼·阿库托，由于他没有成功，所以无法鉴别他的本质是否忠君。但每个人都会承认：如果他打了胜仗，他肯定会成为佛罗伦萨的主宰。而打了胜仗的布拉齐一直和斯福尔扎对立，双方互相掣肘；另一位打胜仗的弗朗西斯科则一心垂涎布隆迪；还有一位打胜仗的布拉齐则一心对抗教廷和那不勒斯王国。我们还可以看一看前不久发生的一件事：佛罗伦萨人为他们的雇佣军任命了一位首领帕奥罗·维泰利。帕奥罗出身平民，深谋

阿方索五世

阿拉冈和西西里国王，那不勒斯女王乔万娜二世向阿方索五世求助，阿方索五世接受了邀请，并于1420年成为乔万娜二世的养子。

约翰·霍克伍德

约翰·霍克伍德是14世纪活跃于意大利的英国籍雇佣军首领。意大利人将他称为“乔万尼·阿库托”，死后佛罗伦萨人以“无比骁勇的战士、无比杰出的领袖乔万尼·阿库托爵士”的荣誉称号为他在大教堂举行了国葬。

远虑，在军队中声望极高。人们都承认，如果他夺取了比萨，那么佛罗伦萨人会和他保持友好关系。因为帕奥罗一旦成为敌军的首领，那么佛罗伦萨人就束手无策了，但如果佛罗伦萨人想继续任用他，就不得不听取他的意见。至于威尼斯人，如果我们考虑他们所取得的成就，我们就会看到，当他们派遣自己的人作战的时候，他们做得既稳妥又光荣，他们依靠这些武装起来的贵族和平民进行了英勇的战斗。而这些都是威尼斯人在转向大陆作战之前取得的成绩。当他们开始在大陆作战的时候，他们却丢掉了这种好作风，开始仿效罗马人那一套。在向大陆扩张的初期阶段，威尼斯人因领土不多，而且声望极高，因而对雇佣军首领无须畏惧。但等到雇佣军首领卡尔米纽奥拉把他们的领土大肆扩张以后，威尼斯人开始尝到了雇佣军带来的苦头。由于卡尔米纽奥拉指挥军队打败米兰公爵，威尼斯人发现卡尔米纽奥拉极有能力，但同时又发觉他对继续发动战争的热情越来越少，他们担心卡尔米纽奥拉不能再带领军队争取更多胜利了，故此，他们不能再让他担任雇佣军首领。但是，威尼斯人又害怕失去已经得到的一切，所以又不能让卡尔米纽奥拉离开。为了保障既得利益，同时保证自身安全，他们只得把他杀掉。后来，威尼斯人先后招募了巴尔托洛梅奥·达·贝尔加莫、

逮捕卡尔米纽奥拉

鲁贝托·达·桑·塞维里诺、皮蒂利亚诺以及诸如此类的人担任军队首领。让这些人指挥军队，威尼斯人总是担心他们会打败仗，而导致最终竹篮打水一场空。后来确实是这个结果，一场维拉战役便使威尼斯人历经八百年间打下的基业一日之间丧失殆尽。依靠这样的雇佣军，成功往往微乎其微并且姗姗来迟，而受到的损害却出人意料，且后果难以想象。

由上述事例，我想到了多年来一直受制于雇佣军的意大利。在此，我想更深入地讨论雇佣军的问题，了解他们的起源和发展，以便于更好地应对他们。

您一定知道，近来意大利的君权受到威胁，而教皇在世俗事务中的影响力越来越大，意大利分裂成多个小国。这是因为，一些城邦武装起来反对那些曾深得帝王宠信，压迫自己的贵族，而教会也支持这些城邦，以赢得自己在世俗事务中的权力，这使得一些城市的市民当上了共和国的统治者。这样一来，意大利大半落入了教廷和一些共和

圣罗马诺战役（局部）
意大利 乌切罗
圣罗马诺战役发生于1432年，以佛罗伦萨战胜锡耶纳而告终。梅蒂奇家族趁机掌握了佛罗伦萨政权，形成了空前的繁荣局面。因此该战役被视为佛罗伦萨共和国中兴的转折点。

国的手中。然而，由于教廷的神父们和共和国的市民们并不懂军事，两者都招募外国人来做雇佣兵。

使这类军队扬名天下的一号人物，当是罗马尼阿人阿尔贝里戈·达·科尼奥。像他这样由雇佣军中脱颖而出的人，还有布拉齐和斯福尔扎，这两个人当时是意大利的仲裁者。继他们之后，雇佣军还有过一些其他的首领，这些人至今仍掌握着意大利的军队。然而，他们的英勇结果，无非是使意大利先后遭受查理八世的蹂躏、路易十二的掠夺、费尔迪南多的摧残以及瑞士人的羞辱。这些雇佣兵的策略是：首先，通过贬低步兵名声抬高自己身价。他们之所以这样做，是因为他们没有自己的领地，而是靠军饷生活，因而不能招募太多兵员，而步兵如果达不到相当规模就不会有多大的势力，故而他们只能招募骑兵，因为只有供养同等数量的骑兵，才能维持他们的地位，又能获得好名声。这就导致在一支两万人的军队里，步兵人数不及两千。除此之外，这些雇佣军将领还会千方百计地减少自己和士兵们的劳苦和危险，比如在战争中宁可活捉俘虏也不上阵杀敌，而且往往不向敌方要求赎金就将俘虏释放。攻城时，他们不搞夜间偷袭；守城时，他们也不潜入敌人营地。他们的军营，周围既没有安装栅栏，也不挖掘壕沟，天冷时还不出征。所有的这些事，都是他们的军规所允许的，正如我前面所说的那样，他们是为了避免官兵劳苦和危险而想出来的方法。这样的结果，必然导致意大利陷入被奴役和屈辱中。

弗朗西斯科·斯福尔扎

## 第十三章

# 论外国援军、混合军队和自己的军队

费尔迪南多

除雇佣军外，外国援军是另一类没有益处的军队。援军，正如教皇朱利奥近来所借助的军队那样，是君主请求强国派来援助和保卫自己的外国军队。教皇在对费瓦瓦用兵时吃尽了雇佣军的苦头，于是他转而寄望于外国援军。他与西班牙国王费尔迪南多达成协议，由西班牙从人力上和武器上对他提供援助。这类军队本来可能是有作为的、优良的，但是对受援者来说，却往往是有害的。因为，如果外国援军打了败仗，受援者跟着倒霉；如果他们打了胜仗，受援者就有可能也成为外国援军的俘虏。

这类例子，在古代历史上比比皆是，为使这种军队的危险性一目了然，我还是选择离我们最近的教皇朱利奥这个例子，讨论一下他那再糊涂不过的做法。教皇为了夺取费瓦瓦，起初完全将自己的希望置于外国人手中，幸亏他得益于一种好运，才没有使他为自己的鲁莽行为而自食苦果。当时，他请来的外国援军在拉文纳被击溃，出乎朱利奥和其他人意料的是，瑞士人发动起义并将占领者赶出了他们的领土。最终获胜的不是自己请的援军，而是别的军队，所以，朱利奥没有被他请来的援军所俘虏。佛罗伦萨人完全没有自己的军队，却请了一支万名法国士兵组成的外援，去攻打比萨，结果佛罗伦萨人陷入了他们前所未有的困境。君士坦丁堡的皇帝为了反对他的邻国，派遣了万名土耳其士兵进入希腊境内，然而，战争结束后，这些士兵却不肯离境，这就是希腊人遭受异教徒奴役的开端。

我想说，如果不想取得胜利，那就使用这种援军吧！因为援军比雇佣军更加具有危险性，甚至可以说，援军到来之时，便是你走向毁灭之始。因为援军上下团结，而且完全服从他们指挥官的命令。如果雇佣军在取得胜利之后，要想对你造成伤害，他们需要更多的时间和更好的机会，因为他们内部松散，把他们招募来并且发给他们军饷的人是你，担任他们头头的人也是你委任的，所以，他们不能在短时间内获得可以加害于你的足够的权威。总之，采用雇佣军，危害在于他们的胆怯懦弱；使用外国援军，危险性却是他们的英勇剽悍。因此，明智的君主总是谢绝使用外国援军，而是依靠自己的军队。英明之君不会把援军的胜利视为自己的真正胜利，他宁可依靠自己的军队打败仗，也不会借助援军打胜仗。

在此，我会不假思索地援引切萨雷·博尔贾及其做法为例。这位公爵借助于法国援军，率领完全由法国士兵组成的军队进入罗马尼阿，先后夺取了伊莫拉和福尔利。后来，他察觉到这些援军并不可靠，而雇佣军的危险性小一些，于是他就开始使用雇佣军。为此，他招募了奥西尼和维泰利。随后，他在指挥和管理这支雇佣军的过程中，发现他们形迹可疑，忠信不足，并且暗藏危险，于是公爵毫不客气地杀了他们，转而依靠他自己的人。我们可以注意到：关于这几类军队之间的区别，我们可以从公爵由于任用他们而获得

耶罗内（图左）

的不同声誉上看出来。从任用法国军队，到任用奥西尼和维泰利，直到他任用本国军队，公爵对他们忠诚的信任程度不断上升。当人们见到他完全成为自己军队的主人的时候，给予了他前所未有的崇敬。

除了意大利最近发生的这些事例，我并不想再举其他例证了，但是我又不想漏过锡拉库萨人耶罗内这个例子。如前面提到的，这个人被锡拉库萨人任命为他们军队的首领。耶罗内随后就意识到，像意大利军队这种由雇佣兵组成的军队是毫无作为的，他还认为他既不能继续保留他们也不能让他们离开，于是他不得不把他们统统杀掉。此后，跟随他作战的部分军队，不再是外国援军而是他自己的军队。他带领本国的军队而不是外国盟军发动战争。

我还想回顾一下《圣经·旧约》讲过的一个与之有关的事例。大卫请求扫罗王准许自己与菲利士人的勇士歌利亚作战。为了给他壮胆，扫罗王把自己的铠甲送给大卫披戴，可是大卫试穿一下后谢绝了扫罗王的好意。他说披戴了这副铠甲，他就不能很好地发挥自己的力量，他宁愿用自己的投石器和刀子与敌人战斗。总之，穿戴别人的铠甲，要么铠甲从身上滑落把自己压垮，要么就是把自己紧紧束缚起来。

大卫战胜歌利亚

法国国王路易十一的父亲查理七世，因自己的好运气和能力，把法国从英国人统治之下解放出来，从中他意识到依靠自己的军队武装自己的重要性，于是他在国家中设立了各种步兵和骑兵规章制度。但是后来，路易十一废除了本国的步兵，而是招募瑞士士兵。正如我们所见，路易十一的这个错误，连同由此引发的其他错误，正是法国陷入危难的祸害根源。路易十一使瑞士士兵名声鹊起——因为他完全废除了步兵，同时又使他的骑兵依赖于外国军队，法国士兵习惯了与瑞士人协同作战，似乎离开了瑞士人，他们根本就无法取胜。这样一来，法国军队没有能力对付瑞士人，而且没有瑞士人他们也不敢对抗别的国家。于是，法国军队变成了由部分雇佣军和部分国民军组成的混合军队。虽然这种混合军队要比单一的雇佣军或者单一的援军强，但是远远不如全部的本国军队。这个例子说明，如果查理七世的规章制度能在他的儿子这里得以继承和发展，法国将是不可战胜的。

查理七世加冕

查理七世又称为“胜利者”，在圣女贞德的帮助下打赢了英法“百年战争”。图中就是查理七世在兰斯大教堂加冕的情景，旁边是掌握战旗的圣女贞德。

可是，没有多少人能够明察慎思。仔细一看起初看似不错的事，人们往往分辨不出隐藏其后的祸患，正如我们前面提到过的身体患病的比喻。因而，一个君主如果不能看出他的国家正在滋生的隐患，他算不上是真正英明的君主。然而具备这种洞察能力的人只是少数。如果研究一下罗马帝国覆灭的第一个原因，我们会发现，祸患从他们雇佣哥特士兵时就开始了。因为，曾经使罗马帝国勃兴的一切力量都转移到了哥特人手里，罗马帝国从那个时候开始走向衰落。

故此，我的结论是：任何一个君主国如果没有自己的军队，它都是不稳固的。反之，一个君主国陷于不利处境时，如果没有保卫自己的实力，那它就只得听天由命了。明智的人们往往持有这样的见解和论断：世界上最不确定、最不牢靠的东西莫过于没有自己的力量支撑的名声或者权力了。所谓本国军队指的是由臣民、市民或者属民组成的军队。其余的就是以雇佣军和援军组成的军队了。如果你能思索一下我前文提到的那些人的做法，再研究一下亚历山大的父亲菲利普以及许多共和国和君主国是如何组织自己的武装力量的，那么想找到组建自己军队的办法并不难。而对于这种方法，我深信不疑。

路易十一（中坐者）

## 第十四章

# 论君主在军事方面的责任

除了战争、军事制度和军事训练之外，君主不应该有其他的目标和想法，也不应该把心思用于研究其他的事，因为军事艺术理应是统治者的唯一艺术。这门艺术的效力，不仅能够使天生为君主的人保持住自己的地位，还多次使许多平民出身的人登上君主之位。反之，不懂得这门艺术，君主如果沉湎于安逸生活，而较少考虑军事问题时，他就会亡国；而若想夺取一个国家的统治权，你必须得精通这门艺术。

弗朗西斯科·斯福尔扎由于崇尚军事，因而从平民一跃成为米兰公爵；但他的子孙们却逃避军事的困苦烦扰，于是从公爵降为平民。如果不整军经武，就会被人轻视，而被人轻视是君主必须提防的一种奇耻大辱。原因我们在后面会解释，因为全副武装的人和手无寸铁的人不可作比较。指望全副武装的人心甘情愿地顺从手无寸铁的人，或者手无寸铁的人能甘当全副武装者的臣仆，都是不合常规的。因为双方之中必然有一方心存鄙视，而另一方则心存疑虑，这样的两方不可能友好相处共事。所以，一个不谙军事艺术的君主，除了前面提到的那些灾祸，他既不能获得自己士兵的尊敬，而自己也不能信赖他们。因此，君主永远不能让自己的心思远离军事训练问题，他在和平时期比在战争时期更得注重军事训练。要做到这一点，方法有二：一是采取行动；

一幅描绘 14 世纪贵族狩猎情景的画

二是通过研究。

关于行动方面，君主的首当要务是把他的人马妥善组织起来进行军事操练。君主还应该经常从事狩猎活动，借以使自己的身体习惯于艰苦生活，并了解各地地理状况，了解山脉如何起伏，山谷如何凹陷，平原如何延展。君主尤其需要关注的，还有各地河流沼泽的特征。这种知识的用途有两处：首先是他懂得如何了解自己的国土，从而能更好地保卫它；其次，日后如果他需要了解其他地方，由于他的地理知识与经验，使他很容易举一反三地分析出来。比如，在托斯卡纳的山脉、山谷、平原、河流和沼泽与其他地区的同类地方具有相似之处，一个人如果了解了某个地区的地理状况，很容易能迅速掌握其他地区的情况。君主如果缺乏这种技能，也就是缺乏一个首领最该具备的素质，因为这种素质能告诉他如何发现敌军，如何选择营地，如何统领军队，如何部署兵力，以及如何借助有利形势围攻目的地。

阿凯亚人的君主菲利波门曾经备受史学家们的称赞，其中他最为他们推崇的一点是：即使在和平时期，他仍在研究战争的方法。当他和朋友们去乡村时，他时常停下来和朋友们探讨：如果敌军出现在那个山头，而我们的军队在这儿，那么哪一方享有地利呢？应该如何前往应敌而又不打乱队形？如果我们想撤退，应该怎么采取行动呢？如果敌人撤退，我们应该怎样追击呢？当他和朋友们走在一起时，他会向朋友们提出一支军队有可能遇到的所有问题。他认真听取他们的意见，陈述自己的看法并列举理由加以论证。如此一来，由于他能坚持不断地深谋远虑，如果战争来临，没有任何情形会出乎他的意料之外。

菲利波门

但是，为了训练思维，君主还应阅读历史书籍，并且研究历史上伟大人物的行动，看看他们在战争中是如何行事的，考察他们得失成败的原因，以便趋利避害。而最为重要的是，他应当效仿那些昔日的伟大人物那样行事。君主要选择一个享有很高声誉、受人称赞的前人作为自己的榜样，时刻将他们的成就和事迹铭记于心。据说，亚历山大大帝就是效仿阿基里斯，恺撒效仿亚历山大，西奇比奥效仿居鲁士。任何人如果读过色诺芬所撰写的居鲁士王

西奇比奥的节制
意大利　乔凡尼·弗朗西斯科·罗曼内利

的生平传记，就会从西奇比奥的生平中看到由于效仿居鲁士而获得怎样的殊荣，还会看到在纯洁、和蔼、仁慈和宽宏大量方面，西奇比奥同色诺芬所描述的居鲁士的特征是多么一致。对于这一类的方法，明智的君主必须遵守，而且在和平时期也决不应该无所事事；相反，他应该利用这些时间努力为不利时期准备好可以利用的资源。这样，当命运逆转时，他已经准备好反击了。

## 第十五章

# 论世人特别是君主受到赞扬或非议的原因

对于受到赞扬或非议的原因，现在有待探讨的是君主对待臣民和朋友应采取的原则及行为。曾有许多人对此写过文章，今日我也提它；而我和他们的观点不同，因此，我很有被人视为狂妄自大之嫌。但是，我写东西的目的是为了有助于那些通晓它的人，我觉得最好如实论述一下事情的本来面目，而非想当然地凭想象空谈。许多人描述的共和国和君主国的事实，要么从没存在过，要么就是无人见过。但是，人们实际的生活，和人们认为应当如何生活，有天壤之别，以至于一个人要是不切实际地想当然行事，那么，他不但无法保持现有状态，还会导致毁灭。所以，一个君主如果想要保持住自己的地位，就必须知道怎样做不完全符合道德的事，并且知道视情况抉择是否使用或保留这一手段。

圣埃及里奥战役
意大利 乌切罗
圣埃及里奥战役爆发于1416年，布拉齐在此役中的胜利为他对佩鲁贾地区长久的统治奠定了基础。

奥古斯都

屋大维于公元前 27 年被授予“奥古斯都（神圣、至尊）”的称号，被认为是最伟大的罗马皇帝之一。

为此，我们把关于君主的那些想当然的事情暂且抛开不论，而只探讨那些真实存在的情况。我认为一切人——特别是君主，在被他人评论的时候，因为君主身居高位，都会明显地具有某些受人赞扬或遭人非议的品质。因此，有的人被认为慷慨，有的人则被认为吝啬（这里借用托斯卡纳的说法，因为在我们的语言里，贪婪的人还可以指那些想通过掠夺来占有他人财物的人，而我们说的吝啬指的是那些不愿过多使用自己东西的人）；有的人被认为是乐善好施，有的人被认为贪得无厌；有的人被认为冷酷残忍，有的人被认为心慈性善；有的人被认为言而无信，有的人被认为一诺千金；有的人被认为软弱怯懦，有的人被认为勇敢果断；有的人被认为和蔼可亲，有的人被认为倨傲自大；有的人被认为淫荡好色，有的人被认为纯洁自重；有的人被认为诚实可鉴，有的人被认为狡猾奸诈；有的人被认为生硬呆板，有的人被认为平易近人；有的人被认为成熟稳重，有的人被认为浮躁轻佻；有的人被认为是信仰虔诚，有的人被认为信仰泯灭，等等。我相信每个人都认可，如果君主表现出上述的那些被认为是优良的品质，就是值得褒扬的。但是他们既不可能拥有全部优良品质，也不可能始终遵循它们。这是由于人类自身条件有限，所以君主必须非常小心谨慎，知道如何避开那些使自己丧失国家的恶行，如果有可能的话，也应使自己避开那些不会使自己丧失国家的恶行。但是如果做起来有困难，那么他应该毫不犹豫地听从恶行而行事。还有，如果一些恶行是为了挽救国家，那么君主就不必为这些恶行受到的非议而感到惴惴不安。因为，仔细考虑每一件事情，我们会发现某些起初看似美德的行为，如果君主照着做可能会招致灭亡，而另外一些行为初看起来是恶行，可是君主坚持做下去，却能给自己带来安全和福祉。

## 第十六章

# 论慷慨与吝啬

接下来我们开始讨论上面提到的第一条品质。我认为，被人称为慷慨是件好事。但是，如果慷慨的行为并不能给你带来声誉，那么它就会损害你。因为如果君主有道德地慷慨行事，但他的行为并不为人所知，他将遭到与慷慨相反的指责。因为，如果君主想得到人们给予的慷慨之名，那么他的行为必然带有奢侈的性质，一个君主往往因此而致使自己财产散尽。结果只能是，君主为保持住慷慨的名声，不得不过度加重人们的负担，横征暴敛，并且为了得到钱，什么事情都做得出来。这样一来，他很快就会遭到臣民的憎恨，并且当他陷入拮据时，谁都不会尊重他。由于他的慷慨行为，他开罪了许多人，但是受益的人却寥寥无几。因此，无论发生什么危险，他是第一个受到影响并处于危险境地的人。等他意识到这一点，他立即回头时，他又将马上背上吝啬的骂名。

君主除非能够支付自己为承担慷慨行为而付出的代价，否则就不要以慷慨的德行来扬名。所以，君主如果明智，他就不应当介意吝啬的名声，因为随着时间的推移，人们看见他由于节俭而收入丰盈，能够抵御一切来犯的敌人，能够建功立业又不加重人们的负担，那么，人们会认为这位君主对他们愈来愈慷慨了，因为这样一来，他没有给人数众多的臣民增加负担。而对于

那些没有得到他的好处的人而言，他是吝啬的，但这部分人数甚少。

居鲁士大帝

波斯帝国的开创者，号称“巴比伦之王，众国之王”。

在我们这个时代，我们看见只有那些曾经被人称为吝啬的人成就了大事，而其余的人都失败了。教皇朱利奥二世凭着慷慨的美名登上教皇宝座，但后来他向法国国王开战时，却顾不得维护这种名声了。当今的法国国王发动了多次战争，但是他并没有向他的属民征收特别赋税，是因为他的额外支出来自他长期节俭的积蓄。当前的西班牙国王假如博得了慷慨之名，他也就不可能开创如此宏图伟业。因此，如果君主承担吝啬的恶名能够避免掠夺他的臣民，能够保卫自己，能够不因为变得穷困而遭人轻视，能够避免被迫强取豪夺，那么君主就不应该在乎有吝啬的坏名声，因为这是使他的统治能够继续下去的恶德之一。

如果有人说：恺撒凭借慷慨得到了君权，并且其他许多人也因为曾经慷慨或者被认为慷慨，而登上了至高无上的地位。我的回答是：你现在，要么已经是君主，要么正

凯旋的恺撒
意大利 安德列亚·曼泰尼亚

在努力成为君主。在前一种情况下，慷慨的行为是非常危险的，你必须节约；而在后一种情况下，有个慷慨的好名是必要的。恺撒是那些渴望在罗马取得君权诸多人中的一个。但是，如果在他取得统治权后仍然如此统治而不节制他的支出，他必定会毁掉自己的国家。如果又有人说：许多曾经被认为慷慨的人都成为了君主，并且带领军队成就了伟大的事业。我的回答是：君主花费的钱财，要么来自他自己或者他的臣民，要么来自其他人。如果是第一种情况，他应当节俭；如果是第二种情况，他不应该忽略任何表现慷慨的机会。君主带领军队出征，依靠掠夺、洗劫、敲诈和利用别人的财物来维持军队，这种慷慨是必要的，否则士兵就不会追随他了。对于既不属于你也不属于你臣民的东西，你尽管大方送人，正如居鲁士、恺撒和亚历山大所做的那样，因为你慷他人之慨，这不但不会损害你的名声，还会使你美名远播。只有挥霍你自己的财物，才会损害你自己。

世界上再没有什么比慷慨消耗东西更快的了，甚至于在你慷慨行事的同时，你正失去慷慨的能力——不是陷入贫困以至于遭人轻视，就是为力图避免贫困而变得贪婪和遭人憎恨。君主的头等大事，就是避免被人轻视和憎恨，而慷慨的德行往往可以导致这两种结果。明智之君宁肯被人指责为吝啬，它虽然名声不美，但还不至于给君主招来憎恨；追求慷慨的名誉必然招致贪婪之名，而贪婪之名会同时给你招来坏名声和人们的憎恨。

恺撒之死
意大利 卡穆奇尼

## 第十七章

# 论残酷与仁慈，以及被爱戴和被畏惧哪个更有利

下面接着谈前文提及的其他品质。我认为，所有的君主都希望被人视为仁慈而非残酷的。然而，君主必须要注意不可滥用这种仁慈。切萨雷·博尔贾被认为是个残酷的人，然而，正是由于他的残酷才使得罗马尼阿恢复了秩序，国家得以统一，并且重新恢复和平和忠诚。如果我们客观公正地考虑，应看到博尔贾比佛罗伦萨人要仁慈得多。那些佛罗伦萨人，因为避讳残酷之恶名，结果被皮斯托亚毁灭了。因此，一个君主如果要保持他的臣民团结忠诚，就不应该在乎被人称为残酷的恶名。除了极少数情况外，残酷但有为的君主，比那些仁慈但使国家混乱、凶杀、劫掠层出不穷的君主而言，他其实要仁慈得多，因为后者往往危害到全体人民，而有残酷之名的君主，只不过因执行刑罚损害少数人而已。

在所有的君主当中，新君主是不可能避免残酷这一恶名的，因为新建立的国家总是危险重重。为此，维吉尔[1]借迪多之口，把他统治的残暴归因于国家的新建，说道：

① 古罗马著名诗人。

严峻的形势，崭新的邦家，

命我森严壁垒，警戒着海角天涯。①

维吉尔（中坐者）

但是，君主不宜取信他人或者鲁莽行动，也不宜诚惶诚恐，莫名惊慌。他应该谨小慎微，慈悲为怀，行事节制有度，避免刚愎武断，避免因过于自信而鲁莽轻率，也避免因过分猜疑而褊狭，容不得人。

就此产生一个争论：受人爱戴比被人畏惧好呢，还是被人畏惧比受人爱戴好呢？我的回答是必须两者兼备。但是，两者集中在同一个人身上难乎其难。当一个人必须在两者中做出取舍的时候，那么，被人畏惧要比受人爱戴安全得多。一般说来：人类的本性总是忘恩负义的，是变化多端、弄虚作假、怯懦软弱、生性贪婪的。当你对他们有好处时，他们完全是你的人。当真正的需要离得很远时，他们表示愿意为你流血，奉献自己的财产，牺牲自己的生命，牺牲他们的孩子；但当危险临头时，他们选择背弃你。如果君主完全相信他们那些空头承诺，因而忽略其他措施，他就会灭亡。因为那种靠钱买来，而不是依靠伟大而高尚的思想得来的友谊，是不稳固的。在你需要的时候，你却无法依靠它。人们伤害自己爱戴的人比伤害自己畏惧的人顾忌更少，因为爱戴是出于自身的卑微，由恩义的纽带维系着的，人们为了自身的利益可以随时斩断这一纽带；但是，

① 此译文转引自：马基雅维里《君主论》，潘汉典译，第80页，商务印书馆，北京，1996。

尼禄像

尼禄通常被认为是古罗马最著名的暴君，也是第一个迫害基督教的暴君。

畏惧却会由于人们对于惩罚的恐惧而保持着，从而不容易中断。

不过，君主如果想使人畏惧自己，应当采取这样一种方式：即便不能赢得人们的爱戴，也一定要注意避免遭人憎恨。要想做到被人畏惧但是不为人所憎恨这一点，对君主来说并不难。只要他不侵犯他的市民和属民的财产，不碰他们的妻女，他就办到了。但是，如果他不得不夺取某个人的生命时，他就必须有适当的辩解和足够的理由。但最重要的是，他绝不能染指他人财产，因为人们忘记父亲的死比忘记遗产的损失还要快。再说，君主想夺取他人的财产，很容易找到借口；而且，一个人一旦开始以抢劫为生，就不难找到夺取他人东西的借口。但是，要找出一个夺取人们生命的理由，就不容易了，而且这种机会又转瞬即逝。

汉尼拔像

汉尼拔是迦太基国的部队统帅和伟大的军事家，在第二次布匿战争期间击溃罗马人，成为罗马人的噩梦。

但是，当君主亲率庞大的军队出征时，他绝对不能在乎自己有残酷之名。因为，如果他没有残酷之名，他就甭想保证军心团结、士兵争相执行任务。在汉尼拔的壮举中有这样一件事：他带领一支由多民族士兵混合而成的庞大队伍，在外国的领土上作战，无论在好运还是厄运的时候，在士兵当中或者士兵对于君主之间都不曾发生过任何纷争。原因无他，仅仅在于他残酷无情并且能力无限，这使得他在士兵们的眼中既可敬又可怕。如果他做不到残酷，仅凭他所具有的能力，他做不到这一点。那些缺乏深思熟虑的史学家们，一方面赞扬他所取得的成就，另一方面却又非难他的残酷。假如汉尼拔只有能力，而没有残酷，他不足以成就大业。关于这一点我们可以从西比奥的事例中得到证实。西比奥不仅在他所处的时代，甚至在整个历史上都称得上是位杰出人物。然而，他的军队却在西班牙背叛了他。原因也无他，正是因为西比奥对于士兵过分仁慈，他所给予士兵的自由超越了军纪所容许的范围。为此，他遭到了元老院中法比奥·马西莫的指责，称他是罗马军队的败坏者。洛克伦斯居民受到了西比奥派出的一个人的摧残，但是西比奥并未替居民们主持公道，也没有惩罚使者的横行霸道。这一切完全是由于西比奥性格温和使然。为此，元老院中有人想要替他辩解说，许多人知道怎样不犯错误，但是却不知道如何纠正错误。假如西比奥继续以这种方式保持统帅地位，他的这种性格早晚会葬送掉他的名声及荣誉。但是，由于元老院对他的监督，他这种有害的性格特征不仅没有成为众矢之的，相反，还为他迎得了好声誉。

法比奥·马西莫

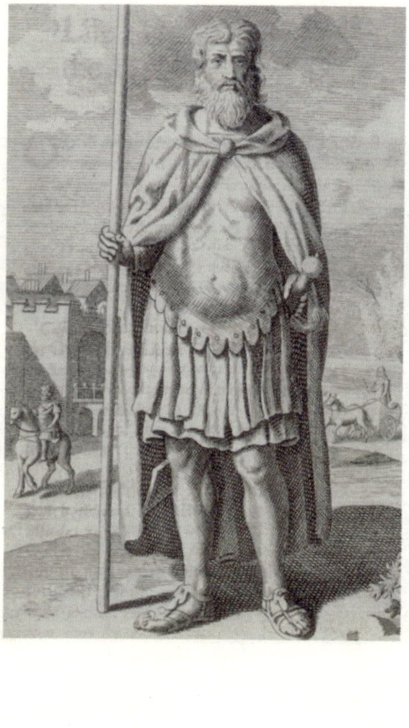

现在，回到被敬畏和被爱戴这个问题上来，我们可以得出这样的结论：人们对于君主的爱戴是基于自己的意志，而对于君主的敬畏则基于君主的意志。因此，英明的君主应当确保自己执政之基是自己意志而非他人意志，只是要注意——正如前面所言——君主应努力避免被人憎恨。

## 第十八章

# 论君主守信之道

阿基里斯的教育

爱尔兰 詹姆斯·巴里

阿基里斯也译作“阿喀琉斯”，是古希腊神话中的英雄人物，被称作“希腊第一勇士”。

所有人都认为，如果君主能信守承诺、正直诚实，不玩阴谋，这该多么值得称赞呀！然而，经验却告诉我们：那些建立过丰功伟绩的君主们并不看重守信，而是懂得如何耍花招、玩阴谋诡计以使人晕头转向，最终他们战胜了那些诚实守信的人。因此你必须懂得，世界上有两种斗争方法：一种是通过法律，而另外一种是通过武力。前者是人类特有的手段，第二种则是野兽所特有的。但是，由于

前者常常有所不足，故而有时必须借助于后者。因此，君主必须了解如何利用这两种斗争方法。古代的史学家们早已将这一点形象化地教给君主了。他们描绘了阿基里斯以及其他许多君主是如何被交给人首马身的怪兽基罗尼抚养，如何在他的训练下长大成人。这不外乎想表达，既然君主的老师是半人半兽，

君主就必须知道如何利用这两种本性，而且必须知道。这两者不论缺少了哪一方，另一方都是不顶用的。如果君主必须掌握运用野兽的方法，他应该同时仿效狮子和狐狸。因为狮子会落入猎人的陷阱，而狐狸则抵御不了豺狼。因此，君主必须是一只狐狸以便于及时发现陷阱，又必须是一头狮子以便于吓跑豺狼。那些仅仅依靠狮子的人却不理解这些。因此，如果遵守信义将对自己不利，或者使自己当初做出这个承诺的理由已经不复存在，英明的君主就可以也应该不遵守信义。假如人性本质善良，这种格言就不适用了，但由于人性本恶，既然人们不会对你信守承诺，你同样也无需对他们守信，而且君主不遵守信义，绝不会缺乏为自己辩护的正当理由。关于这一点，我可以列举无数近代例子。这些例子可以表明，有许多和约与约定因君主的背信弃义而作废或无效，也表明了那些像狐狸一样狡猾的人获得了极大的成功。

但是，君主必须知道如何掩饰这种兽性，并且必须成为一个伟大的伪装者和假好人。人的头脑总是很简单，他们总受到当前需求的支配，以至于那些想要欺骗别人的人总能找到可以欺骗的对象。对于最近发生的一个事例，我不想闭口不

阿基里斯之死

阿基里斯的致命弱点是没有被冥河水浸泡过的脚踵，因此在战场上被特洛伊的帕里斯射中而死。壁画中是埃阿斯背负着阿基里斯的尸体。

提：亚历山大六世除了做了些欺骗人们的事以外，他就再没做过其他任何事，而且他总是能够找到可以欺骗的对象。因为世界上从来没有谁能比他更有本事渲染某件事，也没有谁比他更能信誓旦旦地肯定某件事，同时也没有谁能比他更少地遵守诺言。他既然总能找到愿意接受他欺骗的人，这正是因为他谙知人性的这一面。

因此，君主无须真的具备我们列举过的那些好品格，但是却有必要表现得具备这一切品格。我敢说，假如他确实具备这些好品格，并且知道按这些品格行事是有害的，但是，依然还要表现得这些品格对他很受用。你要显得慈悲、守信、人道、虔诚、正直，而且还真要这样做，但是，你必须同时做好心理准备，当你不需要这么做的时候，你知道并且能够来个一百八十度的大转弯。必须认识到，一个君主，特别是新君主，不可去践行那些受人们尊重的好品格，为了维持统治，他经常不得不背信弃义，不讲仁慈，与人道和天道背道而驰。因此，他必须具备灵活的头脑，随时根据命运的风向和运气的转变而转变。但是，如我曾说过的那样，如果可能的话，还是不要背离善良之德，但如果形势所迫，那也必须知

向圣彼得引荐佩萨罗的亚历山大六世
意大利 提香

道怎样着手作恶。

因此，君主应该注意不要从他嘴巴溜出与上述五种美德不符的话，并且注意使那些能看得到他、听得到他谈话的人都觉得他非常仁慈、守信、宽大、人道、正直和虔诚。君主显得具有上述的最后一项品格，是最为必要的，因为人们通常用眼看，而非接触来作出判断，每个人都可以看见你，但很少有人能够接触到你。人人都可以看见你表现得怎样，但是只有很少人能确切知道你的真实情况，但这一小部分了解你的人无力反对多数人意见，因为国家最高权威保护的是多数人。对于所有人的行为，特别是对君主的行为，如果提出质疑的话，人们可通过其结果加以判断。

因此，君主只要能够征服并维护自己的统治，那么他所采用的手段就总会被人们认为是光明正大的，并会受到每个人的认可。肤浅的人往往被事物的表象和结果所蒙蔽，而且这个世界充满肤浅的人。当大多数人能站住脚的时候，少数人没有活动的余地。

当代的一位君主①，在此我不便指出他的名字。除了宣扬和平和信义，他不宣扬别的，但事实上对这两者中的任何一者，他都是极端敌对的。因为如果他曾坚持其中的任何一者，那么他的名誉和王国恐怕早就被人夺走多次了。

① 指西班牙的费尔迪南多。在马基雅维里写作本文时，他还健在，马基雅维里不便直接说出他的名字来。

费尔迪南多

费尔迪南多（1450–1516年）凭借自身的权谋和征战，获取了阿拉贡、卡斯蒂利亚、西西里、那不勒斯等西班牙各国的王位，实际上是统一的西班牙的第一个国王。

## 第十九章

# 论应该避免被蔑视与憎恨

关于前面提到的君主的好品格，其中一些较重要的，我已经讨论过。其余的我想就君主如何避免受人轻视和遭人憎恨这个话题再扼要讨论一下。君主应该避免那些使自己遭人憎恨和轻视的事情，如果君主能够做到这一点，他就尽到了他的本分，即使有其他恶行也不会引起任何危险。

恺撒像

正如我曾说过的那样，最让君主遭人憎恨的事莫过于贪得无厌、霸占臣民的财产及妻女。因此，君主必须避免这种行为。当大部分人的财产和名誉都没有被触动的时候，他们安居乐业，君主只需要同少数人的野心作斗争，而对于这一部分人，君主很容易就能制服他们。

如果君主被人认为变化多端、轻浮浅薄、软弱怯懦、品格卑劣、优柔寡断，他就要受人轻视了。因此，君主应该像提防暗礁一样提防这些坏名声。君主应该在其行动中努力表现出伟大、英勇、果断和坚韧等特点。在与臣民的私人交往中，他所作出的决断不可更改。他应使人们对他抱有这样的看法：任何人都甭想欺骗和蒙蔽他。如果君主能使人们对他有这种印象，他就会受人尊重。而受到尊重的人不会轻易地被谋反，因为如果人们都认为君主是非常杰出、受人尊重的，那么谁想进攻他都会有很大难度。因此，君主应该注意两个方面：一是内部的，来自他的臣民；二是外部的，来自国外势力。对付后者，君主可以依靠良好的军队和亲密的盟友来防御。而且，如果君主有好的军备，他总能找到亲密的盟友。除非国内早有密谋搅乱局势，否则当对外安宁无事时，内部也就安宁无事。即便外部局势混乱，如果君主已经做好了准备并且能如我所说的那样立身行事，只要他不自暴自弃，他就能如我所提过的斯巴达的纳比斯那样，可以抵御敌人的一切侵犯。

至于臣民，当没有外患时，君主只需要防备他们暗中策划阴谋即可。正如我们前面已细述过的那样，君主为了保全自己，必须做到的事情是避免遭人憎恨和受人轻视，还要使人们对自己感到满意。君主对付一切密谋最有效的办法就是避免被他的人民憎恨和轻视，因为那些密谋反对君主的人总是期望通过解决君主的权力来取悦人民。但是，当谋反者看到这样只会激怒人们，他也就

恺撒被刺后庆祝的人群

公元前44年3月15日，恺撒被一班反对君主制的罗马元老院议员阴谋刺杀。当恺撒发现行刺者之首是他最宠爱的养子——马尔库斯·尤尼乌斯·布鲁图时，绝望地说出：“还有你吗，布鲁图？”随即放弃了抵抗，身中23刀，倒在庞培的塑像下气绝身亡。

没有勇气去做这件事了，否则他将面对无穷无尽的麻烦。正如经验告诉我们的那样，历史上密谋事件很多，但成功者却为数甚少。因为，密谋者不会单枪匹马地干，如果不能确信对方也对君主不满，他也不能随便找个人来做同谋者。因为一旦你向一个心有不满者吐露你的心事，你就给了他一个获得满足的方法，因为他可以通过告发你来谋取本人的各种好处。当他看到做这件事的利益是确定的，而另一件却是不确定的，并且充满了危险，如果他仍然对你笃守信义，那么他就是你珍贵的朋友，或者说是君主非常固执的敌人。

在此，我简要归结一下。我认为，在密谋者一方，除了焦虑、嫉妒、担心受惩罚的恐惧之外，再没有别的什么了。而在君主一方，有的是君权的威严、法律、朋友和国家对他的保护，再加上民心所向。如此，无论谁想轻率地进行密谋，都不大可能。同时，通常密谋者在实施他的阴谋之前不得不有所顾虑，在这种情况下，他不得不担忧其罪行的可能后果，他现在与人民为敌、为非作歹之后，就甭指望获得藏身之所。

关于这个问题的例子举不胜举，但是我想举证一个就足够了。我们的父辈依然记得它是怎样发生的。从前波罗尼阿的君主梅塞尔·安尼巴莱·本蒂沃利，即当今的梅塞尔·安尼巴莱的祖父，被密谋反对他的坎尼斯基谋杀了。他的整个家族，除了年幼的梅塞尔·焦万尼外，没有一人能够幸免于难。可是当坎尼斯基谋杀行为发生后，人民很快就起来把坎尼斯基家族的人全部杀死了。这是由于本蒂沃利家族在所有波罗尼阿人民中具有普遍的认同感。虽然在安尼巴莱死后，再也没有哪个活着的家庭成员有能力统治这个国家，可是当波罗尼阿人听说在佛罗伦萨有一个本蒂沃利家族的人，这个人一直由一个铁匠养大，他们就到佛罗伦萨迎接他，并且把这个城市的政权交给他来摄政。于是，这个城市就由他一直统治，直到梅塞尔·焦万尼长大能够亲政为止。

因此，我认为，如果君主受到人们的敬重，就不必过于担心那些密谋活动。但是，如果君主受到人们对他的敌意、仇恨，那他就得处处提防所有人、所有事。因此，组织完善的国家和英明的君主都非常留意不把贵族逼上绝境，同时使人们感到心满意足。因为这是君主必须保证的最重要的目标之一。

在我们这个时代，组织最完善、管理得最好的国家是法国。在这个国家里有许多很好的制度，这些都是国王享有自由和安全的基础。其中最首要的一个制度就是议会及其权力制度，因为王国的创建者一方面了解贵族们的野心和胆大妄为，认为有必要给他们的嘴巴套个嚼子来控制他们；另一方面考虑到人们因为惧怕贵族从而憎恨贵族，君主要想法使他们感到安全，但是他不急于使之顺利实施。为了避免因为支持人们而遭到贵族斥责或因为袒护贵族、而遭到人们的斥责，他设立了一个仲裁机构，这个机构既可以抑制贵族、支持平民，同时又不需要国王来承担责任。对于国王和王国来说，再也没有比这个更安全、更有效的办法了。从中，我们可以得出另一个值得留意的结论：对于需要承担连带责任的事，君主应当委托臣仆代理，而那些布惠施恩的事情则要亲自去做。另外，我认为，君主必须看重贵族，但是不能因此而使自己遭到平民的憎恨。

在研究了罗马皇帝们的生平和死亡之后，有些人可能会认为这些例子与我的见解相悖。因为他们认为，

路易十二进攻米兰

马可

全名为马可·奥勒留·安东尼努什·奥古斯都，是罗马帝国五贤帝时代最后一个皇帝，也是一个很有成就的思想家，以希腊文写成著作《沉思录》。

在罗马皇帝中有些人行为高尚，并表现出伟大的精神品格，然而，他们却丧失了国家，或者是被密谋反对他们的人杀死了。为了回答这些反诘，我想对某些皇帝的品格进行回顾，借以证明他们毁灭的原因和我指出的那些原因并没有出入。同时，我想把研究那个时代时值得注意的一些事情单列出来予以讨论。

我认为，若以那些继承罗马帝位的皇帝为例，上起哲学家马可 · 奥勒留，下至马西米诺就足够了。这其中包括马可 · 奥勒留和他的子孙科姆莫多、佩尔蒂纳切、尤利亚诺、塞维罗，以及安托尼诺·卡拉卡拉、马克里诺、埃利奥加巴洛、亚历山大和马西米诺。

首先值得一提的是，在其他的君主国，君主只要对抗贵族的膨胀野心和人民的难以驯服就可以了，而罗马的皇帝们还面对第三个困难——军队的残暴和贪婪。这是一件困难重重的事情，多个皇帝因它而走向灭亡，因为要同时满足军队和人民的要求是很困难的。这是由于人民热爱和平，因此他们喜欢性情温和的君主；而军队与之相反，他们喜欢认可贪婪、勇猛好战的君主，他们希望君主以这种品格对待人民，以便于自己获得加倍的军饷，并能使自己贪婪和残酷的欲望得到满足。因此，那些由于上辈没有留下好名声，或者自己无法获得好声誉的皇帝，由于无法驾驭军队和人民双方，是注定要被推翻的。他们中的大部分人，特别是那些新登帝位的人，认识到这两方完全相反的特性、难以共存的难局，于是只顾得满足军队，而不在乎或很少在乎对人民利益的损害。这种做法是不得已的行为，因为君主如果注定避免不了被某些人憎恨，那么他们首先应当避免被所有的人憎恨，如果他做不到这一点，他就应该尽最大努力避免遭到那些最有权势的人的憎恨。因此，这些新君主由于毫无经验需要得到特别的帮助，就容易依靠军队更甚于依靠人民。至于这样做是否对他们有利，这要取决于君主是否善于保持自己在军队中的权威。

由于上述原因，马可、佩尔蒂纳切和亚历山大这些君主，虽然为人温和谦逊，热爱正义，反对残酷，善良仁慈，但是大都落了个悲惨的下场，唯独马可除外。马可的生前死后都很荣耀，因为他是依靠世袭权力取得帝位的，既没有依靠军队的力量，也没有依靠人民的力量。而且后来，他具有的许多美德使他受到人们的尊重。当他在世的时候，他总是保持军队和人民恪守本分，相安无事，他既没有遭人憎恨，也没有被人轻视。

但是，佩尔蒂纳切被选立为皇帝却是有违军队意愿的。这些军队在科姆莫多时代已经习惯了放纵的生活，而现在佩尔蒂纳切想强迫他们本本分分地生活，这使军队难以忍受，于是产生了对君主佩尔蒂纳切的怨恨。加之佩尔蒂纳切老迈年高，被人轻视，因此他在执政不久就被推翻了。这里必须注意，善行和恶行一样会遭来憎恨。因此，正如我说过的，君主如果想维持自己的统治往往要被迫做一

佩尔蒂纳切

佩尔蒂纳切是一个奴隶的儿子，担任过罗马执政官。禁卫军杀死皇帝康茂德，把他推上皇帝的宝座，在位仅一年，又被叛乱军队杀死。

些不好的事。当你认为你需要支持你的群体——不论他们是人民、军队，还是贵族——在腐败堕落的时候继续支持你，你为赢得他们，必须投其所好以满足他们。这个时候，善行将会给你招来祸患。

现在来看看亚历山大吧。亚历山大为人非常善良，以至于在人们对他的赞扬中有这么一件事：在他执政的十四年里，从来没有哪个人未经审判就被处死。然而，他却被认为是一个软弱怯懦，而且听任自己母亲支配的人。因此他被人所轻视，最终，军队密谋反对并且将他杀死了。

亚历山大

全名马库斯·奥雷利乌斯·塞维罗·亚历山大，罗马帝国塞维罗王朝的最后一个皇帝。

现在看一看科姆莫多、塞维罗、安托尼诺·卡拉卡拉和马西米诺这些具有完全相反性格的皇帝。你会发觉他们全都是既残酷又贪婪的人。为了满足军人的要求，他们不惜对人民采取一切不公正的手段。结果除了塞维罗以外，这些人都落得个悲惨下场。塞维罗骁勇善战，虽然他压迫人民，但是他对军人很好，因而他成功地统治着国家。因为他的英勇使他在人民和军人眼中成为不能忽视的人，人民对他又惊又畏，军人对他又敬又赞。作为一个新君主，这个人的行为是很了不起的，我想简要地展示一下他是怎么运用狐狸和狮子的特性的——就像我前文所提及的，君主应该同时效法狐狸和狮子的特性。

塞维罗深知尤利亚诺皇帝昏庸无为，便说服自己统领的驻扎在斯基亚沃尼亚的军队，让军队相信到罗马去为被罗马禁卫队杀死的佩尔蒂纳切复仇是正当的。在这个幌子的遮掩下，塞维罗并没有表现出觊觎帝位的野心，就向罗马进军，并且在人们知道他出发的消息之前就已经到达了意大利。当他一到达罗马，元老院就害怕了，只得选举他为皇帝，并且杀死了尤利亚诺。之后，塞维罗一心想成为整个帝国的统治者，他面对两个难题需要解决：一个是亚洲问题，在那儿，亚洲军队首领尼格罗已称帝；另一个是西部问题，阿尔皮诺踞在那里执政，并对帝国虎视眈眈。塞维罗认为如果暴露自己，同时对付这两个人太危险，于是决定先对付尼格罗，暂时蒙蔽阿尔皮诺。他给阿尔皮诺写信说，自己已被元老院选举为皇帝，他愿意和阿尔皮诺共同分享帝王权威，并且送给他"恺撒"的称号，此外元老院已经加封阿尔皮诺为自己的同僚。阿尔皮诺对塞维罗所说的一切信以为真。但是，当塞维罗战胜并杀死尼格罗，解决了东方事务以后，他回到罗马向元老院抱怨说阿尔皮诺一点儿也不顾及从

塞维罗

全名塞普蒂米乌斯·塞维罗，是首位来自非洲的罗马皇帝，塞维罗王朝的创始人。

自己这里得到的好处，反而背信弃义想要谋杀他，对于阿尔皮诺这种忘恩负义的行为，自己不得不惩罚他。之后，他到法国把阿尔皮诺找了出来，将他的政权和生命一道剥夺了。任何人如果仔细研究这个人的行为，就会发现他的身上同时具备了最勇猛的狮子和最狡猾的狐狸的素质，所有的人都很敬畏他，而且他没有引起军队的憎恨。作为一个新君主却能够把国家统治得那么好，这不足为奇，因为他拥有至高无上的荣誉，这种荣誉抵消了人们对其残暴行为可能产生的怨恨。

安托尼诺

全名马尔库斯·奥列里乌斯·安托尼诺，另一个广为人知的名字是“卡拉卡拉”，罗马帝国的暴君之一。

塞维罗的儿子安托尼诺也非常杰出，他所具备的卓越品格使他成为众人羡慕的对象。他好战尚武，不辞辛劳，瞧不起一切美食和其他奢侈的享受，这些性格特征为军队所接受并且使他受到军人的爱戴。然而，他的极度残暴也是前所未闻的，他杀人无数，还屠杀了大量的罗马居民，杀光了亚历山大里亚的全体居民。于是，所有人都憎恨他，他身边的人也惧怕他，以至于他后来被军队中的一个百夫长杀死了。在这里我们必须注意：

这一类的死亡，是他人因过分绝望而决意蓄谋造反造成的，君主不可能避免这种死亡，因为任何人只要不怕死就可以谋害到君主。但君主不用太害怕这样的死亡，毕竟这样死去还是很少见的。君主只要注意不要严重伤害那些服侍他的人或者在他身边为国效力的臣仆们就行了。安托尼诺没有在意这一点，他凌辱那个百夫长的弟兄并使之致死，之后还时常威胁这个百夫长，却仍然让他担任自己的保镖。结果证明，这位君主这么做是多么冒失，他最终招来了杀身之祸。

扮成赫拉克里斯的科姆莫多

全名鲁基乌斯·奥雷里乌斯·科姆莫多·安东尼努什，五贤帝之后的罗马皇帝，致使罗马进入混乱阶段，一般也被认为是一个暴君。他喜欢扮成希腊神话中赫拉克里斯神的形象，甚至自己走下斗兽场。

下面，让我们说说科姆莫多吧。作为马可的儿子，科姆莫多子承父业从父亲那里继承了王位，只要他沿袭父亲的足迹前进，使人民和军队满意，他保有这个国家并不很难。可是，他生性冷酷残忍，他收买军队，纵容他们的放纵行为，借以腐蚀他们，以便于自己可以任意鱼肉人民。另外一方面，他置自己的尊严于不顾，下到角斗场与角斗士格斗，并且还做出其他的与君主身份极不相称的卑劣的事情，因此，他受到了军人的轻视。于是，人民这一方憎恨他，军队这一方也轻视他，最终人们合谋反对他，并最终杀死了他。

现在，我们讨论一下马西米诺的性格。我们前面已经提到过，马

马西米诺

全名盖乌斯·朱利斯·威勒斯·马西米诺，在位期间的连绵战争使人们评价他为残暴、半野蛮的暴君。

西米诺是个崇尚武力的人。因为军队厌恶亚历山大的软弱怯懦，于是他们杀死了他并且选举马西米诺为皇帝。然而，马西米诺并没有能够长久地维持统治，这是因为他的两件事使他备受人们的憎恨和轻视：第一件是出身卑贱，曾经在特拉恰牧羊，这使他受人轻视（这件事众所周知，并且每一个人都认为这是极不体面的）；另外一件是，在他继承罗马统治权的时候，他没有立即去罗马继承帝位，却借他的行政官之手，在罗马以及帝国的其他地方做了许多残酷的事情，因此，他落了个极端凶恶的名声，也使得整个世界都轻蔑他的卑微出身，憎恶他的残暴行径。接下来，非洲首先造反了，然后元老院和所有的罗马人民以及整个意大利都合谋反对他，甚至他自己的军队也参与谋反。后来，他的军队围攻阿奎莱亚，在夺取这个地方时军队碰到了重重困难，军队憎恶他的残酷，同时发现他的仇敌如此之多，于是无所畏惧地先把他杀死了。

至于埃利奥加巴洛、马克里诺、尤利亚诺等人，我就不再讨论了，因为他们都是遭人轻视的人，所以很快就消灭了。就上面所说的，我作个总结。我认为，在我们这个时代，君主要使自己的军队感到满意，所遇到的困难要比过去小得多。尽管君主必须在一定程度上关照军队，但是如果有困难很快就可解决。因为我们这个时代没有哪个君主能像罗马帝国那样拥有善于统治和管理地方的军队，所以对于罗马帝国时期来说，满足军人比满足人民更重要。现在，除了土耳其和苏丹两个国家以外，所有的君主都应先满足人民，而不是军人，因为现在人民比军队更有力量。

刚刚提及的土耳其皇帝是个例外。因为他身边经常保持一万两千人的步兵和一万五千人的骑兵，土耳其王国依靠他们保卫国家和防御安全。因此，君主可先同军队保持友好关系，暂把对人民的考虑抛到一边。苏丹王国的情形也与土耳其相似，国家完全掌握在军人的手中，因此，国王也顾不得人民怎样，而必须同军队保持友好关系。但是，必须注意，苏丹这个国家和其他所有的君主国不同，因为它采用类似于天主教的教皇制，既不能称做世袭君主国，也不能称之为新君主国。因为前任君主的子孙们并不是王位继承人，仅仅是保持贵族地位的人，而王位继承人是从那些享有特权的人们中选出来的。因为这样一个古老的传统，这个国家不会遭遇到新缔造的君主国所会碰到的那些困难。此外，虽然君主是新的，国家的制度却是旧的，而且国家以接纳

**穆罕默德二世**

奥斯曼帝国苏丹，他也经常被人们直接以外号“法齐赫”(意为征服者)相称，是历史上最尚武好战的苏丹。

世袭君主的方式来接纳新君主。因此，苏丹不能被称为新君主国。

现在回到我们讨论的主题上来。我认为，任何人如果考虑到上述问题就会认识到，导致上述君主们灭亡的致命原因，要么是被怨恨，要么是被轻视。并且还会认识到，为什么他们中一些人以这种方式行事，而另一些人以另一种方式行事，而每一种行事方式里只有一个人得到好的结局，其余的人则下场悲惨。因为，对于新君主佩尔蒂纳切和亚历山大来说，想要效仿作为世袭王位继承人的马可，不但是徒劳，而且是有害的。同理，对于卡拉卡拉、科姆莫多、马西米诺来说，仿效塞维罗则是危险的，因为他们远远不具备可以沿袭塞维罗步伐的勇猛。因此，新君主不能效仿马可，也没有必要效仿塞维罗。但是他们应该从塞维罗那里学会建立一个国家所需要的品质，从马可那里学习适合于保持一个已经稳定、巩固的国家的优秀品质。

古罗马帝国时代遗留下来的斗兽场

# 第二十章

# 城堡以及君主的惯常行为是有益还是无益的

一些君主为了能稳固地维持国家的统治，他们解除了属民的武装，另一些君主则通过派别纷争来保有城邦；一些君主则给自己树敌，有的则竭尽全力争取那些在统治初期不被信任的人；一些君主建立了城堡，另一些君主则将城堡推掉和摧毁。要对所有的这些事情作一个定论，除非掌握了关于作出决定的国家的详细情况，否则是难以办到的。虽然如此，我还是想在这个问题本身所允许的范围内泛泛地谈一谈。

从来没有一个新君主会解除他属民的武装，相反，当他发觉他的属民没有武装的时候，他还会将他们武装起来。因为，把属民武装起来，就相当于把自己武装起来了，那些从前不被信任的人会变得忠诚，而那些原来就忠诚的人会更加忠诚，你的属民成为你的忠实追随者。此外，因为你不可能把所有的属民都武装起来，从而被你武装起来的那部分人感觉受到了恩惠，因为他们都非常清楚待遇的差别，并对你有报恩之责，那么你对其余的人就更好控制了。因此，前者成为你的仆人，而后者认为那些承担最大危险和责任的人应该得到最多的回报。但是，当你解除他们武装的时候，你立即就会得罪他们，因为这表明，要么是因为他们的怯懦，要么是因为他们忠诚不够，你不再信任他们了。这两种想法，不论是哪一种，都会滋生他们对你的怨恨。

荷拉斯兄弟之誓
法国 雅克·路易·大卫

而且，因为你不可能一直没有武装，那么最终你就会转向雇佣军，这种军队的特征缺点很明显。即使雇佣军本身优良，也不足以抵御你的强大敌人和不被信任的属民。因此，正如我所说过的，新缔造的君主国里的新君主总是大肆武装，这样的事例历史上比比皆是。而当君主占领了一个新国家，并且使之成为自己原来国家的一个地区时，君主必须解除这个地区属民的武装，除了那些在你攻取这个国家时就已经成为你的拥护者的人以外。而就是对于这部分人，也应该把握时间和机会，使他们变得软化和柔弱。处理事情的方式，应是使这个国家的全部武器都掌控在你原有的亲信将领手中。

我们的先辈们以及公认的明智人常说，保有皮斯托亚必须要依靠党派之争，而保有比萨则必须依靠城堡。抱着这个想法，他们在某些附属城市里制造纷争，以便可以更容易地保有它们。从前的意大利保持一种力量均衡的状态，这种方法在当时是非常有效的。但是我认为这种方法在今天已经不再是适用规则，因为我不但相信这种方法不能起作用，而且我确信，当敌人到来的时候，那些陷于分裂的城市会很快丧于敌手。因为势力最弱的一个派别往往会借助外来势力，于是其他的派别就难以招架。我认为，威尼斯人就是因这些理由，在他们附属的城市里培植了格尔夫和吉伯林这两大派别。虽然威尼斯人从未让这两派发展到流血冲突的地步，却不断在他们中制造种种分歧，以便人们陷于这些纠纷而难以脱身，也就难以团结一致反对君主。但是，正如我们所看到的，结果往往不像预期的那样发展，因为威尼斯人在维拉一战大败以后，这些城市属民中的一部分人立即鼓足勇气，从威尼斯人手中夺取了国家。因此，这些方法只能表明君主的软弱无力。因为一个生机勃勃的君主国，绝不允许这种分裂，这种方法只在和平时期有利于君主更轻易地驭使属民，而当战争来临的时候，这种方法则是错误的。

一座建有典型的吉伯林式塔顶的城堡高塔

毋庸置疑，当君主克服了他所面对的种种困难和障碍后，他就变成了伟大人物。因此，当命运之神垂青于一位新君主，欲使他成为伟大人物时，由于新君主比世袭君主更加需要获得

好名声，命运之神就会给他树立敌人并使他们设计反对他，以便于新君主有战胜他们的机会，并借着敌人为他树起的梯子步步高升。因此不少人认为，一个英明的君主应该找机会奇妙地树立某些仇敌，并战胜他们，借以使自己变得更加伟大。

君主们，尤其是新君主发觉，那些在其统治初期他们认为可疑的人，现在要比那些他们当时信任的人更忠诚、有用。锡耶纳的君主潘多尔福·佩特鲁奇在治理国家的时候，他所任用的人当中，过去得不到信任的人要比那些过去得到信任的人数量更多。但是，在这个问题上，我们不能一概而论，因为事情会因具体情况而异。我只能这么说，那些在君主统治初期怀有敌意的人，当他们需要通过君主的支持来保持自己的地位时，君主可以轻易地把他们争取过来加以控制。因为这些人知道，他们必须以实际行动来消除君主过去对他们的坏印象，故而他们对君主忠心耿耿。因此，君主从他们那里得到的利益往往要比从其他人那里得到的利益更多，因为后者对自身有过多的安全感，可能会因此而对君主的事情不够尽职尽责。由于情形所需，我必须要提醒那些通过本地人的支持而获得新国家的君主，他们必须认真考虑是什么原因促使那些支持他的人这么做。如果他们这么做不是出于对君主的自然感情，而是出于对前政府的不满，那么君主要经历很多艰辛和困难才能和他们继续保持友好关系，因为要满足他们简直是

潘多尔福·佩特鲁奇

不可能的。借鉴古代和近代的事例，仔细衡量这件事情的原因，我们可以发现，君主和那些对满意前政府而成为自己敌人的人交朋友，比起那些由于对前政府不满从而拥护自己，并支持自己夺取政权的人成为朋友要容易得多。

十字军攻陷君士坦丁堡
法国　欧仁·德拉克洛瓦

1202—1204年教皇英诺森三世发动了第四次十字军东进运功，十字军攻陷了君士坦丁堡，并进行大肆劫掠。

为了更稳固地保有国家，君主的习惯做法是修建城堡，这就像给那些计划反对他的人们套上个辔头和嚼子，同时把它作为自己突然失势时的避难所。我赞扬这种做法，因它自古就通用。然而，在我们这个时代，我们已经目睹了梅塞尔·尼科罗·维泰利为了保有国家而摧毁了卡斯特洛市的两座城堡，乌尔比诺公爵圭多·乌巴尔多一回到他曾经被切萨雷·博尔贾驱逐出去的领地，就立即把这个地区的所有城堡夷为平地。他还认为没有了这些城堡，要想从他的手中夺走国家就会变得困难一些。本蒂沃利奥返回波罗尼阿后也采取了同样的做法。因此可以说，城堡对君主是否能够有好处需视具体情况而定，它们如果在某一种情况下对你有用，那么也会在另一种情况下损害到你。这个问题可以这么看：如果君主对人民的畏惧要超过对外国势力的畏惧，他就应该修建城堡，反之，他则应该放弃城堡。弗朗西斯科·斯福尔扎在米兰所修建的城堡，已经给他的家族带来损害，并且这种损害还在继续，这种损害要大于他们国家其他所有的骚乱

带来的损害。所以，君主最好的城堡就是不引起人民的憎恨，因为虽然你据有城堡，但是如果人民憎恨你的话，城堡也挽救不了你。一旦人民拿起武器反对你，往往外面还会有人帮助他们。在我们这个时代，还没有见过哪位君主从自己的城堡中得益，只有富尔利伯爵夫人在其丈夫季罗拉莫伯爵被杀死后的情况例外，因为借助城堡的保护，她避免了来自民间的冲击，并且等来米兰的援助，从而恢复她的国家，而且当时事态的发展并不允许外国势力支持人民。但是，当后来切萨雷·博尔贾进攻她的时候，那些反对她的人民和外国势力联合起来，里应外合，城堡就对她没有任何用处。因此，对于富尔利伯爵夫人来说，不论是在当时还是在以前的处境下，不引起人民的憎恨要比修建城堡来得安全得多。考虑了所有的这些事情之后，我既称赞那些修建城堡的君主，也称赞那些不修建城堡的君主，但是我却要斥责那些对于城堡的作用深信不疑，并对人民的憎恨却毫不在意的君主。

富尔利伯爵夫人
意大利 洛伦兹·迪·库若迪

第二十一章

# 君主欲受人尊敬应怎样为人

世界上最益于君主赢得人们至高尊敬的事，莫过于建立丰功伟业和作出卓越的榜样了。在我们这个时代，西班牙国王费尔迪南多，就是这样的一个例子。他几乎可以被称为一个“新君主”，因为他通过赢得名誉和荣耀，从一个无足轻重的国王一跃成为基督教世界中首屈一指的国王。如果你分析一下，就会发觉他的行为全都很了不起，而且其中一些堪称卓越非凡。他在执政初期就攻取了格拉纳达，这给他的国家奠定了基础。开始时，他把这件事情做得悄无声息，因此不用担心有任何阻挠，因为他使那些卡斯蒂利亚的公侯们满脑子想的都是战争而不考虑任何革新的事情，而他们没有意识到，费尔迪南多已经通过手段

收服格拉纳达

格拉纳达的最后一位君主向费尔迪南多二世和伊莎贝拉一世投降。

辞别费尔迪南多夫妇

费尔迪南多不仅是陆地上的征服者，也积极于航海业的发展。图为大航海家哥伦布在临行前向他的资助者费尔迪南多国王夫妇辞行。

取得了统治他们的权力和威信。他利用教会和人民的钱维持他的军队，而且，长期的战争为他的军事才能奠定了基础，并因此让他声名远扬。除此之外，为了进行更伟大的计划，他总是以宗教为借口，利用宗教上的虔诚残酷地把摩尔人从他的王国彻底清除驱赶走。再也没有比这个更让人钦佩、更罕见的例子了。他披着宗教这件外衣首先进攻非洲，然后回师意大利，最后进攻法国。所以，他的成就和他的计划总是伟大的，这些使得人们心里对他充满了悬念和景仰，并且还关注着他的战果。他的行动经常是一个紧接着一个，前一行动与后一行动之间没有一点儿空隙，那些想反对他的人，很难从容不迫地组织起反对他的活动。

再者，在内政事务的管理方面，一位君主如果能像传说中米兰的梅塞尔·贝尔博纳所做出的那样非同寻常，对统治也是很有帮助的。贝尔博纳一旦发现有人在社会生活方面做了一些非同寻常的事情——不管它是坏事还是好事，就会抓住机会采取一些引发人们关注的奖惩办法。君主要在他的每一次行动中努力赢得伟大杰出的声誉，这是很重要的。

对一个人，君主要么做他真正的朋友，要么做他真正的敌人——也就是说，当君主开诚布公地宣布自己的立场，支持某一方或者反对另一方的时候，他会受人尊敬。这种做法要比保持中立有利得多。因为，当你的两个强大的邻国交战的时候，肯定会有这样一种结果：如果其中一方获胜，对战胜国，你要么害怕，要么不怕。不论是哪一种情况，你公开立场并且英勇作战，对你总是更有利一些。因为，在第一种情况下，如果你不宣布你的立场，你将来总会成为胜利者的战利品，而使战败的一方感到高兴和满足，而且你找不出能让别人来庇护你的理由。因为胜利者不想要一个在经受考验时没有援助自己的可疑的朋友，而那个战败者也不会和你站在一起，因为你过去不愿意拿起武器与他共存亡。

埃托利亚人派遣安蒂奥科进入希腊，以驱逐罗马人。于是安蒂奥科向罗马人的朋友——阿凯亚人派去使者，劝说他们保持中立；而另一方面，罗马人则催促阿凯亚人拿起武器。于是这个问题被提到阿凯亚人的会议上进行讨论，会议上安蒂奥科的使者劝说他们保持中立，对此，罗马人的使节回答说：“对于他所说的你们的国家不参与我们的战

阿凯亚人为是否出兵进行投票

争对你们更好、更有利的说法，真是荒谬之极。因为如果你们不介入战争，你们就会被排除在外，得不到支持和尊重，而只能成为胜利者的战利品。”因为事情是这样的：如果他不拿你当朋友，他就会要求你中立；如果他拿你当朋友，他就会恳求你表明立场拿起武器并肩作战。优柔寡断的君主，为了避免当前的危险，常常会选择中立立场，但往往因此而被人消灭。当君主果敢地宣布自己的立场支持一方，如果他所结盟的这一方获胜，虽然胜利者很强大，你要听他支配，但是由于他过去得到过你的帮助对你心存感激，就会和你建立一种友好的关系。而且，他们也绝不会厚颜无耻地欺压你而成为世人唾弃的忘恩负义的典型。毕竟，胜利不会彻底地使胜利者不再有任何顾虑，尤其是连正义与否也在所不顾。如果你所结盟的一方失败了，你仍然可能得到他的庇护，在他有能力的时候，他会帮助你，而且你将成为他的伙伴，一起东山再起。

在第二种情况下，当你对于交战双方中任何可能获得胜利的一方都不感到害怕的时候，你就需要审慎考虑与哪一方结盟。因为你的帮助，一方灭掉了另一方，如果你明智的话，是该挽救要失败的那一方的。这样一来，如果你们一起胜利了，他就必须听你的支配，因为没有你的帮助他就不可能取得胜利。君主必须注意绝不能因为进攻他人而与比自己强大的国家结盟，除非如上所说的由情势所迫不得不如此。因为如果你的强大盟友获胜了，你必须听他的支配，而君主本应该尽可能地避免听命于他人。威尼斯人跟随法国一起进攻米兰公爵，结果最终把自己葬送了，而他们本来是可以不与法国结盟的。但是，如果结盟不可避免的时候，就应该像教皇和西班牙出兵进攻伦巴第时佛罗伦萨人的情形那样。那么，鉴于上述原因，他必须明确支持其中的一方。

任何国家都不要幻想可以找到一条万全之策，相反，它应该预料到自己只能采取完全可疑的策略，因为事情往往这样，当你努力避开某种不利时，总难免会碰上另一种不利。不过，谨慎行事可使你知道如何辨别各种不利的

实质，从而选择损害程度最轻的那条策略。

君主还必须表明自己是爱才之人，对于各行各业的能人授之以荣誉。另外，他必须鼓励居民在商业、农业，以及其他一切职业上安守本分，认真工作。这样一来，这个人不会因为担心财产被拿走而限制财产有所增益，而那个人也不会因为害怕征收赋税而不愿开办新产业。相反，对于任何愿意从事这些事情的人，以及以任何方式努力为城市或国家带来荣誉的人，君主应该给予奖励。

此外，君主还应该在每年适当的时日，让人民欢度节日和盛会。同时，由于每个城市都有各类行会或者集团，君主应该重视这些集团，有时候还要亲自接见他们，使自己既是谦逊大度的典范，又总是保持至高无上的威严，关于这一点，绝不能因任何事情而有所削弱。

柜台上的交易

两名佛罗伦萨放债人在铺着刺绣桌布的柜台上交易。这种柜台便是“银行”的雏形。15 世纪的佛罗伦萨是欧洲最繁荣的贸易共和国。

## 第二十二章

# 论君主的大臣

对君主来说，选择好大臣非常重要。选出的大臣是否是良臣，这要取决于君主的判断能力。人们对于君主及其能力的第一印象，就是通过观察他身边的那些人得来的。如果大臣们既有能力又忠诚，那么君主被认为是明智的，因为他知道如何识别人才并使他们对自己保持忠诚。相反，如果君主身边的大臣不是这样，人们则会对君主做出不好的评价，因为君主犯的第一个错误就在于用人方面。

但凡知道安托尼奥·达·维纳佛罗是锡耶纳国王潘多尔福·佩特鲁奇大臣的人，无一不认为潘多尔福是位卓越的人，就因为他重用此人做自己的大臣。人的智力分为三类：第一类依靠自身就可以理解问题；第二类能够通过别人的理解进行鉴赏；第三类既不能依靠自身理解问题，也不能通过别人的说明理解问题。第一类人是最优秀的，第二类人是良好的，第三类人则是无用的。由此看来，潘多尔福即使算不上第一类，那也得是第二类。虽然他没有自己的创见，但是只要他有判断能力，知道区别他人言行是好是坏，能够鉴别大臣的良莠，知道如何奖优惩劣，那么，大臣就不敢试图蒙蔽他，故而对他保持忠诚。

关于君主如何鉴别他的大臣，有这样一个屡试不爽的办法：如果你觉察到大臣考虑问题，考虑他自己利益多于考虑你的利益，这说明他的一切行动都在追求自己的利益，那么这样的人绝对不会是一个良臣，你绝不能够信任他。因为，当一个人手中操持着他人的国家的时候，就不能只想着自己，而应该总是想着君主，而且不会去关心那些与君主无关的事。

骑士受勋

英国 艾德蒙·莱顿

封主把剑放平，封一名青年为骑士。

另一方面，为了使大臣保持忠贞不渝，君主应该时常想着大臣，尊敬他，使他富足，帮助他，与他共同分享荣誉和分担职责，同时让他明白如果没有自己，他就站不住脚。那么，足够多的荣誉令他别无所求，足够多的财富使他不再另有所谋，他身负的重任使他害怕出差池。如果大臣和君主，以及大臣之间关系处于这样一种状态的话，他们就能够彼此信任，如若不然，将会损害到所有人。

第二十三章

# 应该怎样避开谄媚者

我不能略去一件重要的事情，在这件事情上，有可能导致君主的统治陷入难以继续的危险，除非君主非常小心谨慎而且具有相当的辨别能力。这就是来自谄媚者的危险，而朝廷中这种谄媚者比比皆是。因为人们在自己的事情上总是很自满，并且自欺欺人，这使得他们很难抵制这种流毒的损害，而且当他们想要防御这种流毒时，还要冒着被人轻视的危险。因为要防范这种谄媚者，只能让人们知道，对你讲真话，你也不会降罪于他们，此外别无他法；但是，当人们能够对你讲真话的时候，他们对你的尊重也随之减少了。

中世纪的领主与臣下

因此，明智的君主应该掌握第三种办法，那就是在他的国家里选出有识之士，授予

他们讲真话的权利，但这权利不是无限制的，它只限于君主所询问的事情。但是，君主须在每一件事情上都询问他们，并且听取他们的看法，然后按自己的看法作出决定。在和这些顾问的关系上，不论是个别人，还是他们整体，君主都应该保持一种姿态，并让他们每一个人都知道，他们越是敢于直言，就越能受到君主的青睐。除此之外，他应该不再听信他人之言，并应该将自己已决定的事坚持下去，对自己的决定坚定不移。如果君主不这么做，他不是被谄媚者推翻，就是由于受不同意见影响而频繁变革，从而得不到人们敬重。

马西米利阿诺

马西米利阿诺即马克西米连一世，神圣罗马帝国皇帝，也被称为“最后的骑士”，是人文主义者和艺术家的保护人。

就这个话题，我引用一个当代例子。当今皇帝马西米利阿诺的宠臣卢卡神父在谈及皇帝陛下的时候说，皇帝从来不咨询任何人，但也从来未能按自己的方式行事。这是因为他的做法和上面所说的完全相反。这位皇帝是一个守口如瓶的人，他既不把自己的计划通知任何人，也不听取他人关于这些计划的任何意见。只是，当他要把这些计划付诸实践时，他的计划就开始为人所知，并开始遭到周围人们的反对。于是，他就轻易地改弦易辙。结果，他今天作的决定，到次日就推倒重来；结果，谁也搞不懂他究竟在想什么或者想做什么，也没有人信赖他的决定。

因此，君主应该常常征求臣民意见，不过，这只限于他想这么做，而不是别人想这么做。在君主没有向别人提出问题时，他应当阻止任何人向他提出建议。不过，君主应该不断地征求意见，然后耐心地听取一切意见。而且，当他获悉任何人基于某种考虑没有把真实情况告诉他，他应该龙颜大怒。

如果有谁认为，君主如果能给人们留下贤明的印象，其实并不出自于君主本身的能力，而是由于他周围那些出谋划策的人，毫无疑问这是一种误解。因为有这样一条颠扑不破的真理：如果君主本人不明智，他就不可能很好地获得忠告、采纳好建议，除非他恰好把自己所有的事务完全托付给某一个人，而这个人恰好是英明的人。在这种情况之下，君主确实能过得很好，但这种情形不会持续长久，因为君主的代理人很快就会把国家统治权从君主手中夺过去。

当君主因为缺乏经验，向多个人征求意见的时候，他不可能会得到口径一致的意见，而且他也不清楚把这些意见如何归纳统一；因为君主并不知道如何控制或者洞察他们，而每个顾问心里想着的是他自己的利益。他们肯定这样。因为人们在受到某种需求的驱使而不得不忠诚于你以外，他们总是邪恶自私的。由此，我们得出结论：无论来自何处的良好忠言，都因君主的圣明而产生；而不是臣仆的忠言塑造出圣明的君主。

马克西米连一世和他的家庭

## 第二十四章

# 意大利的君主们为什么丧失了他们的国家

前文所提及的各项事宜，如能审慎遵守，将会使新君主看上去好像在位许久的君主，并可使他在国家中的地位迅速得以保障，并且更加巩固，甚至超过在位时间长久的人。因为新君主的行为比世袭君主的行为更受人们的关注，所以当人们认为新君主颇为能干，他就能够赢得更多人的支持，比古老的世袭家族更能赢得民心。因为人们更加关心当前，而不是过去。当他们觉得眼下情况良好，就会心满意足而别无企求。而且，如果君主在其他事情上没有辜负他们，他们就会尽全力维护君主。因此，由于君主缔造了一个新的君主国，并以好的法律、好的军队、好的盟友以及树立好的范例，使这个国家繁荣昌盛，稳固强大，他就会获得加倍的荣誉。同样的道理，一个世袭君主，如果因不审慎而失去他的国家，他将会遭受

15 世纪意大利的贵族

加倍的耻辱。

如果我们研究一下现时代意大利的那些丧失了国家的君主们，例如那不勒斯国王、米兰公爵以及其他的人，我们会发现，首先，由于上述已详细论述的原因，他们的军队都有一个共同的弱点。其次，他们其中的一部分人，要么是被人民敌视，要么虽然人民对他们友好，他们却不知道如何避免贵族作乱。这些君主如果没有这些弱点，只要有足够的能力保持一支作战的军队，他们就不会丧失自己的国家。

马其顿的菲利普——不是亚历山大大帝的父亲，而是那个被蒂托·昆托战败了的那个人——和进攻他的罗马人和希腊人的强大相比，他的领土不多，然

蒂托·昆托

古罗马地方总督，在第二次马其顿战争中战胜了马其顿国王菲利普五世。

而他是一个勇武的人，知道如何与人民交好，并且会庇护贵族，因此他能持续多年进行抗御敌人的战争。尽管后来他失去了一些城邦，但是他没有失去自己的王国。

这就是说，如果我们的那些君主在享有国家多年以后却丧失了国家，他们不应该咒骂命运，而是应该咒骂自己的庸俗无能，因为在过好日子的时候他们从不考虑到糟糕的日子（人的一个共同的弱点，就是不能在好日子里做出抗击风暴的准备）。等到厄运来临的时候，他们只想着逃走，而不是想着如何抵抗。他还希望他的人民在饱受入侵者凌辱之后，还能被他重新召回。这种做法，在其他的办法都行不通的时候，这个主意也不坏；但是，如果因为只寄希望于此而忽略了其他的应急手段，那就不妙了。没有哪个君主因为相信未来会有人帮助他复辟而甘愿垮台。再说，那种情况要么不会发生，要么发生。但即使发生了，也不会带给你好处，因为你不是依靠自己的力量防卫，只有依靠你自己和你自己的能力来防卫，那才是可靠、确定和持久的。

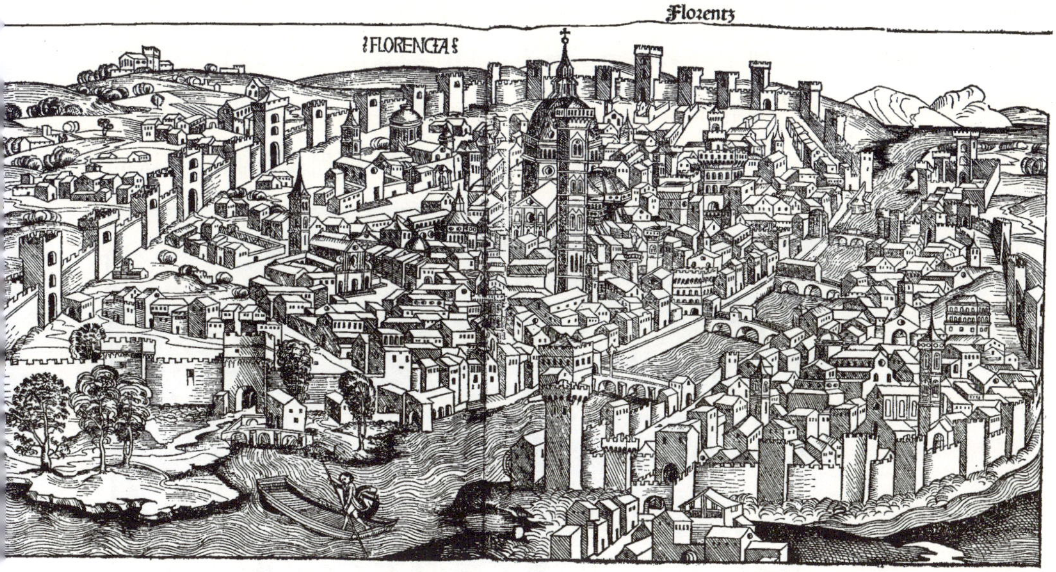


1493 年的佛罗伦萨城

## 第二十五章

# 命运如何影响世事及如何抗争

查理一世

法国国王，1394–1465年在位。他曾在阿让库尔战役中被英军俘虏，被囚禁了25年。但身陷囚牢的他仍在进行诗歌创作，成为法国历史上最伟大的宫廷诗人之一。

我深深明白，无数人曾经有过并且仍然持有这样的一种观点：世界上的事皆由命运和上帝主宰，人类的智慧不能改变它们，并且没有能力补救。这使许多人坚信，对于世事不必过于执著，而应顺其自然。在当今时代，这种观点得到了更多认同，因为我们已经目睹了许多出乎人们意料之外的世事的纷纭变化，而且这样的事情每天都在发生着。每想到这些，我有时候也会在某种程度上倾向于认同

这种观点。但是，我认为，我们不能让这种观点磨灭了我们的自由意志，因为，命运只是我们行为的半个主宰，剩下的一半或者将近一半掌握在我们自己手中。

我把命运比做一条咆哮奔腾的河流。当它怒吼爆发时，淹没平原，拔树毁屋，推动泥沙移位，一切事物均飞奔逃逸，屈服于它的暴虐之下，没有丝毫可抗拒之力。既然洪水本性如此，那我们不能毫无作为，不能在天气晴好时认为不必修筑堤坝水道，不必做防护，不考虑河水再涨时怎么疏洪导洪，因为洪水的威力不可抵抗。对于命运，道理相同。当我们的力量没有准备好抵抗它的时候，命运就显示出它的威力，它知道哪里没有可围堵它的堤坝和防护，它就在哪里肆虐。

15 世纪的佛罗伦萨城

如果你考虑一下意大利——它是变动的发生地，并且是变动的助力剂——你就会看到这是一个没有任何堤坝和防护的空旷平原。如果当初意大利像德国、西班牙和法国那样有相当的力量来自我保卫，这次入侵或者不会造成如此大的变动，或者这次入侵根本就不会发生。

以上大致谈了谈抵抗命运这个问题，我认为说这些已足矣。

但我想就某个特殊方面再谈一下。在我看来，一个君主可能今天还优哉游哉，而明天可能就要垮台，然而他的性格特征前后并没有什么改变。我认为，这一切的根源正是前面我们讨论过的那些原因，也就是说，君主如果完全依靠命运的话，当命运一旦发生变化，他就会垮台。我还认为，君主如果使自己的行为顺应时代精神，他就会治国顺利，反之，如果他的行为与时代精神不相符合，那么他就走向失败。因为我们看见，在人们最终所追求的东西——荣誉和财富这类事情上，人们有不同的实现手段：有的谨慎小心，有的鲁莽急躁；有的采用武力，有的依靠技巧；有的依靠耐心，有的则截然相反。人们用不同的方法达到了同样的目的，殊途同归。我们还可以发现两个谨小慎微的人，一个能实现目的，另一个却失败了；同样的，有两个人性格不同，一个谨慎，另一个冲动，都取得了成功。而这些无非取决于他们的行为是否符合时代发展。由于我已讲到原因，所以两个人行为方式不同可以取得同样的效果，而另外两个人采取同样方式，一个达成心愿，另一个却失败了。

人生际遇的改变也缘出于此，因为，如果一个人以谨慎和耐心来约束自己，当时机和事态的发展与他的行事方式相契合，他就取得了财富；但是，如果时机和事态发生了改变，而他没有及时调整行事方式，他就会遭到毁灭。然而，人们往往不够谨慎周到，不知道如何使自己适应这种变化，这既是天性使然，也是由于过去的某种方式使自己受过益，以致他无法说服自己放弃这种方式。因此，对一个小心谨慎的人来说，在应当果断行事时却优柔寡断，结果便遭到了毁灭。但是，如果他能够随着时机转变而及时调整自己的行为，那么他的命运就不会发生意外了。

教皇朱利奥凡事都是雷厉风行，并且在变动的时机和环境前，他的行为方式如此合宜，所以他总能取得成功。再看一下，在梅塞尔·焦万尼·本蒂沃利奥教皇在世时，他第一次出征是对波罗尼阿。对于他的举动，威尼斯人不赞同，西班牙国王也不赞同，而他与法国国王也没有达成最后协议。然而，

朱利奥二世

凭借着他的勇敢和能力，他亲自发动了远征。这一行动使得西班牙和威尼斯人进退维谷，不知所措。后者出于恐惧，前者出于想要重新获得整个那不勒斯王国。另一方面，他把法国国王争取过来尾随他。因为法国国王亲眼看见教皇采取了行动，并且他也想成为教皇的朋友，以便使威尼斯人臣服，他认为除非他公开得罪教皇，否则他没有理由不发兵。于是，教皇凭借他雷霆万钧的行为成就了事业，这样的事业不是其他任何智慧平庸的教皇能够做得到的。假如他像其他任何一个教皇那样行事，在罗马等待计划安排妥当、凡事万无一失之后才离开，他就不可能成功，因为法国国王会有一千条托辞，而其他的人也会有无限的顾虑。

至于教皇的其他行为，我就不必谈了，因为它们全都大同小异，也都获得了成功。而他并没有因为短暂的生命而功败垂成。如果当初情况需要他谨慎行事的话，他就会遭遇毁灭，因为他是绝不可能背离那些天性使然的方式。

因此，我的结论是：命运总是处于变化之中，而人的方式也总在不断调整。当两者协调一致时，他就成功；当两者不一致时，他就失败。在我看来，我认为敢做敢为要好过审慎多疑。因为命运就像个女人，如果你希望她对你俯首帖耳，你就必须打她、虐待她。我们看见，比起那些行事冷静的人，她更愿意被敢做敢为的人征服。因此，命运像女人一样眷顾年轻人，因为年轻人少了一分谨慎，却多一分粗暴，能更大胆地制服她。

梵蒂冈宫

历代教皇所居之处

# 第二十六章

# 期望将意大利从蛮族手中解放出来

在谈及上述话题之后，我不禁思忖：此时的意大利，是否正处于给一位新君主以荣誉的时机，当前是否存在某种机缘，能够给贤明能干的君主提供一个实践的机会，使他获得荣誉，同时也给本国人民带来福祉。在我看来，这么多事情同时出现无疑是对新君主有利的，我实在找不到比现在更合适的机会了。而且，正如我们所说过的那样，以色列人必须经受埃及人的奴役才能彰显摩西的能力，波斯人必须经受米堤亚人的压迫才能发现居鲁士精神的伟大，雅典人必须分散流离才能表现出特修斯的才能。那么，为了表证一位意大利豪杰的能力，意大利必须沦落到她目前所处的这种绝境，她必须比希伯来人遭受更悲惨的奴役，比波斯人遭受更

1494 年的意大利

严重的压迫，比雅典人更加离散，没有首领，没有秩序，被打击，被掠夺，被分裂，被蹂躏，而且经历种种破坏。

虽然，我们最近在某个人身上看到了一丝希望，我们以为他是上帝派来解救我们的。但是后来，在事业最鼎盛时他被命运抛弃了。于是，意大利依旧死气沉沉，她在等待着一个人来医治她的创伤，制止发生在伦巴第的蹂躏和掠夺行为，处理发生在王国和托斯卡纳的欺诈和苛捐杂税，消除她经年以来的旧恨新仇。我们看到她是怎样乞求上帝派遣使者，把她从不公正的待遇和野蛮的凌辱中解救出来。我们还看到，只要有人振臂一呼，意大利就会应者云集。

当前，除了在你所居的显赫王室中，意大利再也找不出另外一个可以值得寄予更大希望的人了。这个王室所具有的能力和运气，使它得到了上帝和教会的青睐。现在，它成为教会的首领，故而可以成为救赎者的统帅。如果你想一想我所提过的那些人的行动和生平，这件事情就不难了。尽管那些人非常卓越不凡，但是他们毕竟都是人，而且他们中任何一人当时所得到的机会并不比现在所提供的机会多，因为他们所从事的事业并

克莱蒙七世

马基雅维里生活的时代佛罗伦萨的统治者，原名朱利安诺·梅蒂奇，于1523年当选教皇，称为克莱蒙七世。

不比这件事更正义、更容易，上帝也不会在你们之间更宠爱他们。

伟大的正义是属于我们的，因为，“对于必须战争的人们，战争是正义的；当除了拿起武器别无希望以外，武器是神圣的”。①我们有最伟大的意愿，而在有伟大的意愿的地方，如果你愿意借鉴那些人的做法，就不会存在难以克服的困难。除此之外，上帝已经以其绝无仅有的方式向我们昭示：大海被分开，云彩指路，岩石涌出泉水，天赐神粮，每一件事情都有助于增长你的伟大，剩下的应该由你来完成。上帝不会把所有的事情都做完，因为这样才不至于会夺走我们的自由意志以及属于我们的那一份光荣。

李维（左）

古罗马历史学家，花了40年时间完成了142卷的《罗马史》。

如果上面提到的那些意大利人，至今没有谁能够完成我们指望君主来完成的任务，这不足为怪。如果在意大利发生了如此频繁的革命和战役，似乎军事能力枯竭了，这是由于旧的制度不好，我们当中没有人懂得怎样寻找好的制度。对于一个新即位的君主，再也没有什么比确立新的法律和新的制度更能给他带来荣誉的事情了。这些法律和制度如果有良好的根基，并且被赋予权威，它就会为君主赢得人民的敬重和赞美，而且现在意大利并不缺少以任何形式将这些事情付诸实践的机会。

现在意大利人的情况是四肢发达但是头脑简单。仔细

① 见李维:《罗马史》，第九卷，第1、10节。

看看那些决斗和肉搏战，意大利人在力量、敏捷度和技巧上是多么优异啊。但是一说到军队，他们就不堪一击了，这完全是由于领导者不能胜任的原因。因为那些有能力的人不服从他们，并且每一个人都自认为比其他人高明，因为至今还没有人凭借能力或是运气而胜人一筹，能够使他人折服。结果，在过去二十多年如此多的战役中，只要军队全部由意大利人组成，就总会失败。正如我们所目睹的塔罗之役，以及亚历山大、卡普亚、热那亚、维拉、波罗尼阿和梅斯特里等各个战役。

读书的乌尔比诺大公

西班牙 佩罗·贝鲁格特

即费代里戈·德·蒙泰菲尔特罗大公，是意大利文艺复兴时期最强有力的统治者。

因此，如果你的显赫王室决定效法那些曾经挽救了他们国家的杰出人物，最首要的事情就是拥有一支自己的军队，作为从事每一项事业的坚实基础，因为，再也没有比他们更忠诚、更真诚、更优秀的士兵了。虽然他们每个人都很优秀，但如果当他们发现自己正由君主亲自指挥，受到君主的器重和款待，他们会团结得更紧密更好。因此，必须筹建一支这样的军队，你才能够运用意大利的力量来抵御外侮。

虽然，人们认为瑞士步兵和西班牙步兵是坚不可摧的，然而，他们各自都有自己的弱点。因此，不仅可以利用第三种类型的军队来对抗他们，还可能使这支军队成为完全打败他们的可靠力量。因为西班牙人抵御不了骑兵，而瑞士人害怕与步兵在近距离战中相遇。因此，正如我们已经看到并且仍会看到的那样，西班牙人抵御不了法国骑兵，而瑞士人被西班牙步兵消灭。虽然后一件事的结果到目前还没有完全显现出来，但是拉文纳战役中已经显示了某些迹象：当西班牙人与采用瑞士人那种战术的德国军队相遇的时候，西班牙人凭借着敏捷的身手和盾牌的保护，潜入德国人的长矛之下避开危险并且展开进攻，而德国人却无法招架。如果不是因为西班牙人受到骑兵袭击，他们必定早把德国人消灭殆尽了。因此，如果清楚了这两支步兵的弱点，我们就有可能创建一支新型骑兵，它既能击退骑兵又不怕步兵。要做到这一点，并不需要新创什么军事制度，只要在旧制度上加以修正就够了。而这种改进就像新制度一样，会给新君主带来荣誉和权威地位。

15 世纪欧洲骑兵

因此，请勿错失良机，因为意大利人长期等待的，她的救世主终于要出现了！我难以表达：在那些备受外国蹂躏的地方，人们怀着怎样的热爱和对洗刷国耻的渴望，人们抱

着多么坚定的信念，满怀赤诚，饱含热泪来欢迎这位救世主！如此一来，有哪扇门会向他关闭？有谁会拒绝服从他？有什么妒忌会阻止他？有哪个意大利人拒绝臣服？异族的统治对我们每个人来说都已臭不可闻，因此，请你那显赫的王室，怀着从事一切正义事业所需要的勇气和希望，担当起这个重任，使我们的国家在她的旗帜下重新闪光，在她的指示下，我们可以把诗人彼特拉克[①]的诗句变成现实：

反暴虐的力量，将拿起枪，

战斗不会很长！

因为古人的勇气，

在意大利人的心中至今没有消亡。

彼特拉克

① 彼特拉克（1304—1374年），意大利诗人，十四行诗体的确立者，被后人视为文艺复兴奠基人之一。他曾和但丁宣称，一个共同的意大利是她所有儿女的最崇高的奋斗目标。

**图书在版编目（CIP）数据**

君主论／〔意〕马基雅维里（Machiavelli，N.）著；
王水译.－上海：文汇出版社，2010.9
（图文经典）
ISBN 978－7－80741－990－7

Ⅰ.君…　Ⅱ.①马…　②王…　Ⅲ.君主制－研究　Ⅳ.D033.2

中国版本图书馆CIP数据核字（2010）第160816号

---

**君主论**

作　　者／〔意〕马基雅维里
责任编辑／竺振榕
装帧设计／Metis 灵动视线 TEL:010-85983452
出版发行／文匯出版社
上海市威海路 755 号（邮政编码 200041）
经　　销／全国新华书店
印　　刷／北京燕泰美术制版印刷有限责任公司
版　　次／2010 年 9 月第 1 版
印　　次／2010 年 9 月第 1 次印刷
开　　本／710×1000　1/16
字　　数／117 千字
印　　张／8.75
印　　数／1－15000
书　　号／ISBN 978－7－80741－990－7
定　　价／19.80 元